我国装备制造企业
低碳技术创新动力机制研究

韩 冰◎著

· 青岛 ·

图书在版编目（CIP）数据

我国装备制造企业低碳技术创新动力机制研究 / 韩冰著 . -- 青岛 : 中国海洋大学出版社 , 2023. 12

ISBN 978-7-5670-3735-9

Ⅰ. ①我… Ⅱ. ①韩… Ⅲ. ①装备制造业－节能－创新管理－研究－中国 Ⅳ. ①F426. 4

中国国家版本馆 CIP 数据核字（2023）第 246978 号

我国装备制造企业低碳技术创新动力机制研究
WOGUO ZHUANGBEI ZHIZAO QIYE DITAN JISHU CHUANGXIN DONGLI JIZHI YANJIU

出版发行	中国海洋大学出版社			
社　　址	青岛市香港东路 23 号	**邮政编码**	266071	
出 版 人	刘文菁			
网　　址	http://pub.ouc.edu.cn	**邮　　箱**	1774782741@qq.com	
订购电话	0532－82032573（传真）			
责任编辑	邹伟真	**电　　话**	0532－85902533	
印　　制	日照日报印务中心			
版　　次	2023 年 12 月第 1 版			
印　　次	2023 年 12 月第 1 次印刷			
成品尺寸	170 mm ×230 mm			
印　　张	12			
字　　数	205 千			
印　　数	1—1 000			
定　　价	69. 00 元			

发现印装质量问题，请致电 0633-2298958，由印刷厂负责调换。

前　言·

　　装备制造企业的生产经营具有高资金与高技术需求,需要实现资源优化配置、成本效益较高、生态经济性等目标。因此,有必要探讨装备制造企业低碳技术创新的动力机制问题,揭示其动力作用路径及规律,提出保障装备制造企业低碳技术创新动力的措施建议,以提升装备制造企业低碳技术创新的整体效率和效益。

　　本书在理论梳理与研究的基础上,提出问题假设,应用多元回归、演化博弈等方法对我国装备制造企业低碳技术创新动力机制影响因素及影响因素之间的作用关系进行研究,旨在揭示装备制造企业低碳技术创新的动力作用规律,并提出保障装备制造企业低碳技术创新动力机制运行的有益建议。主要包括以下几方面内容。

　　第一,建立装备制造企业低碳技术创新动力机制整体研究框架。从装备制造企业、低碳技术及低碳技术创新的相关概念界定与特征分析着手,依据动力机制基础理论、动力机制结构等相关理论,分析确定企业低碳技术创新动力机制的结构为装备制造企业低碳技术创新内部动力机制、装备制造企业低碳技术创新外部动力机制和装备制造企业低碳技术创新系统协同演化机制;在此基础上,明确了以装备制造企业低碳技术创新内部动力机制、装备制造企业低碳技术创新外部动力机制和装备制造企业低碳技术创新系统协同演化机制作为研究逻辑顺序,动力机制影响因素及影响因素间作用关系、动力机制系统运行规律为主要研究内容,确立了本书的整体研究框架。同时,根据装备制造企业低碳技术创新动力机制影响因素识别逻辑及其动力属性和作用,对装备制造企业低碳技术创新动力机制影响因素加以识别和分析,揭示了装备制造企业低碳技术创新动力机制影响因素作用机理。

第二,研究装备制造企业低碳技术创新内部动力机制和外部动力机制影响因素及影响因素之间的作用关系。首先,对内部动力机制进行研究,明确装备制造企业低碳技术创新内部动力机制研究范式,提出理论假设,并运用投影寻踪法、多元回归分析法等进行实证分析;其次,对外部动力机制进行研究,剖析了外部动力的低碳技术创新动力机理,运用演化经济分析方法,分析了装备制造企业低碳技术创新外部动力因素作用关系及规律,在此基础上,结合案例对装备制造企业低碳技术创新外部动力机制进行剖析。

第三,分析了装备制造企业低碳技术创新动力系统协同演化机制。从系统动态运行的角度,将装备制造企业低碳技术创新作为一个运行系统,首先,对装备制造企业低碳技术创新动力系统进行自组织演化分析,发现其自组织演化机制;其次,构建装备制造企业低碳技术创新系统协同演化模型,并应用协同演化模型对我国装备制造企业低碳技术创新动力系统协同演化程度进行衡量,进一步揭示装备制造企业低碳技术创新动力系统协同演化机制的运行规律。

最后,提出保障我国装备制造企业低碳技术创新动力机制运行的具体建议。综合装备制造企业低碳技术创新内部动力机制影响因素及影响因素之间的作用关系、外部动力机制影响因素及影响因素之间的作用关系、装备制造企业低碳技术创新系统协同演化机制运行规律的实证分析结论,基于低碳经济创新生态系统理念,提出保障装备制造企业低碳技术创新动力机制的总体思路,并给出保障装备制造企业低碳技术创新内部动力机制运行的建议、保障装备制造企业低碳技术创新外部动力机制运行的建议,以及保障装备制造企业低碳技术创新动力机制系统整体运行的建议。

目 录·

绪 论

1.1 研究的背景、目的与意义

1.1.1 研究背景

装备制造业是促进我国国民经济快速发展的重要引擎。装备制造企业作为装备制造业的组成个体,其发展对整个装备制造业的发展有着重要影响。中国制造强国的发展战略规划对装备制造企业提出了创新变革的更高要求。当前我国正处于"工业2.0"(电气化)后期阶段,"工业3.0"(信息化)待普及阶段,"工业4.0"(数字化)初始阶段,制造业的自动化和信息化在持续布局实现中。《中国制造2025》对我国成为制造强国的战略目标进行了明确指导,强调了创新、质量、结构、人才的重要性,以及市场、政府、企业之间的关系。国家主席习近平在2018年上合峰会发表重要讲话时提出,绿色新能源成为新形势下驱动中国经济增长与发展的重要引擎,"绿色GDP"是国人共同的夙愿。"一带一路"倡议将彻底激活沿线的经济发展,为中国装备制造企业开拓新的市场,同时也对装备制造企业的技术创新,尤其是低碳技术创新提出了更高的要求。

低碳技术创新是实现低碳经济发展的关键途径。通过发展低碳经济,转变当前经济发展对碳基能源的高依赖状况,可以促进我国经济结构和工业结构优化升级。但是目前我国各行业企业的低碳技术水平参差不齐,装备制造业各企业低碳技术的发展水平差距更为明显,其研发和创新能力有限是必须面对的事实。当前我国应该大力提升装备制造企业运营效率,以响应《中华人民共和国国民经济和社会发展第十三个五年规划纲要》中强调的绿色低碳发展目标——以深入推进供给侧结构性改革为契机、推动经济发展、绿色低碳转型。当今世界经济正处于由大量消耗石油、煤炭、天然气等碳基能源基础上的"高碳经济"向"绿色低碳经济"转型的关键阶段。低碳经济作为一种新型经济发展模式,是社会经济发展的必然产物,其实质上是传统高消耗、高排放的经济发展模式向以低温室气体排放量为目标的绿色经济发展模式转变的结果。通过技术创新、制度创新、结构转型、产业升级等方式,提高能源生产和利用效率,建立以低能耗、低污染、低排放为基础的新型经济发展模式是人类走出全球气候变暖困境,尽快实现经济发展与资源环境保护双赢的必由之路。

低碳技术创新为驱动我国装备制造企业进行创新发展指明了新方向。但是,目前由于各种障碍的存在,无论是从装备制造业这一行业的中观层面来看,还是从装备制造企业这一企业的微观层面来看,其进行低碳技术创新的动力都略显不足。从中观层面来看,作为我国国民经济发展重要支柱的装备制造业为国民经济的飞速发展作出了卓越的贡献,但同时也带来了很多诸如环境高污染、能源高消耗等亟待解决的问题。行业是企业的集群,在装备制造企业低碳技术创新动力不足的大环境下,装备制造业很难在行业层面推进低碳技术创新。从微观层面看,每个装备制造企业作为整个行业中的独立个体,其技术水平发展水平极不均衡,且彼此间存在技术流转屏障,这不仅限制了装备制造企业个体的独立发展,更严重制约着企业间的合作发展。此类问题严重阻碍装备制造企业低碳技术创新的发展。

以装备制造企业为治理对象,寻找化解我国能源短缺危机及环境污染危机的有效途径,是当前国家制定发展战略规划与学术研究的重中之重。虽然我国装备制造业的整体销售总额很高,技术水平也不断提升,但是同世界先进水平相比还存在很大差距。主要是因为我国装备制造企业低碳技术水平不高,且缺少自己的核心技术,很多关键技术依赖于国外引进。由于缺乏具有自主知识产权的核心技术,导致我国装备制造企业的低碳技术始终处于中低端水平,缺乏具有核心竞争力的高端产品。因此,在推动经济发展与自然和谐共存目标的指引下,应通过各种途径提升装备制造企业的低碳技术创新动力,进而改变原有产品的生产、加工工艺及能源消费机构。

现阶段我国装备制造企业低碳技术整体创新水平不高、创新动力不足。这一现状严重制约着装备制造企业在低碳技术创新方面的突破与提升。因此，通过对装备制造企业动力机制的剖析与揭示，可以厘清影响装备制造企业低碳技术创新动力的各影响因素的作用关系，通过对装备制造企业内部动力机制、外部动力机制的研究，可从静态动力机制的角度对装备制造企业低碳技术创新各影响因素以及各影响因素间的作用关系进行分析，而装备制造企业低碳技术创新动力系统协同演化机制是从动态动力机制的角度对动力影响因素的研究。研究装备制造企业低碳技术创新动力机制，可以为解决装备制造企业目前低碳技术创新动力不足、意愿不强的问题提供有益帮助，同时为装备制造企业低碳技术创新营造更舒适的外部发展环境提供可参考对策建议，综合从装备制造企业内部和外部共同保障装备制造企业低碳技术创新动力的稳步提升。

1.1.2 研究目的与意义

1.1.2.1 研究目的

探索以低能耗、低污染、低物耗、低排放为特征的低碳经济发展模式是解决传统经济增长方式弊端的必由之路。装备制造企业因其自身的特性，对能耗、污染、物耗、排放等方面的影响重大。本书以如何提升装备制造企业低碳技术创新能动力问题为研究对象，旨在建立有针对性的、"正确"的低碳技术创新动力机制，并通过对装备制造企业低碳技术创新动力机制的影响因素的识别与分析，揭示这些影响因素之间的作用关系、影响路径，揭示保障装备制造企业低碳技术创新动力机制运行规律，通过提升装备制造企业低碳技术创新积极性和主动性，保障装备制造企业低碳技术创新质量及创新效率，促进我国低碳经济及生态环境友好发展目标的实现。研究通过对我国装备制造企业内外部动力机制及动力系统协同演化机制的研究，旨在探究我国装备制造企业如何解决在市场机制、政府规制及生态环境等多重目标导向下，担负起促进绿色低碳发展的社会责任，提高企业运营效率，推动传统制造业优化升级，加快节能低碳环保等战略性产业服务业转型等一系列问题，进而打开保障我国装备制造企业低碳技术创新动力机制运行的"黑箱"。

1.1.2.2 研究意义

（1）理论意义

本研究对企业低碳技术创新动力机制研究的深入和完善具有重要理论意义。对装备制造企业低碳技术创新的动力属性和装备制造企业低碳技术创新行为与动力机制的关系进行剖析，拓展了现有企业低碳技术创新动力机制理论；创新性地对装备制造企业低碳技术创新动力机制的结构进行划分，有助于奠定整体研究的逻辑及理论基础，并保证了研究涵盖装备制造企业低碳技术创新动力机制的静态和动态两个层面，形成了综合立体的研究模式，解决了现有单一研究角度带来的弊端，丰富了现有研究的形态；对装备制造企业低碳技术创新动力机制的影响因素进行识别，确定了装备制造企业低碳技术创新内部动力机制和外部动力机制的影响因素，明确了装备制造企业低碳技术创新动力机制的理论框架，并在分别研究内部动力机制各影响因素之间的作用关系和外部动力机制各影响因素之间的作用关系的基础上，将内外部动力机制各影响因素纳入装备制造企业低碳技术创新动力系统协同演化机制当中进行综合研究，为衡量低碳技术创新的协同程度提供了重要的理论基础和有力支撑，从技术创新动力协同角度丰富了低碳技术创新理论。有助于对装备制造企业低碳技术创新动力保障路径选择的相关理论基础进行完善。

（2）实际意义

本研究对装备制造企业低碳技术创新发展与装备制造企业生产方式转型升级具有重要的现实意义。研究通过对低碳技术创新动力机制的深入分析，探究其内部动力机制、外部动力机制和创新动力系统协同演化机制的运行过程，以及各影响因素在低碳技术创新系统中的作用规律，为提升低碳技术创新动力提供有价值的现实依据，为企业进行低碳技术创新决策、低碳技术创新引进、低碳技术创新研发等一系列问题提供有益的借鉴；有的放矢地指导实施和改善装备制造企业低碳技术创新动力的战略方案，提升我国装备制造企业生产效率，降低碳排放量；在提高竞争力的同时达到低碳化生产标准，以满足我国低碳经济发展的要求，为加快装备制造业低碳技术与我国低碳经济的协调可持续发展提供有益借鉴。明确了政府环境规制措施的力度并非越强越好，通过对装备制造企业低碳技术创新动力的影响程度以及所采用的规制措施力度进行分析，为政府制定更有效的环境规制措施提供现实指导借鉴。

1.2 国内外研究现状及评述

1.2.1 国外研究现状

1.2.1.1 创新对低碳经济发展起重要作用的相关研究

为了应对日益严峻的环境问题,世界各国都在寻求新的经济发展模式以解决经济发展与环境保护之间的矛盾问题。低碳经济因其环境友好性成为目前世界各国比较认可的新型经济发展模式。目前,世界主要发达国家已经全面进入低碳经济发展时代。许多发展中国家,虽然受制于技术发展水平、经济发展水平等因素的制约尚未全面推进低碳经济发展,但是,面对全球环境恶化的压力,也普遍开始尝试低碳经济发展模式,以求在新一轮经济发展对抗中谋求一席之地。低碳技术作为一种有效降低经济发展过程中二氧化碳排放的技术类型,对低碳经济的发展起着重要作用。同时,低碳技术以低碳经济的快速发展为依托,只有当低碳经济发展模式得到推广,低碳技术才能凸显其重要作用。通过对国外关于低碳经济与低碳技术创新方面的研究成果进行梳理分析,发现在低碳经济与低碳技术的密切关联性方面,国外学者们给出了相同的观点,肯定了低碳技术在低碳经济发展中的重要地位,并且低碳技术创新成为当前学术研究领域的热点议题。具体来说,国外学者对低碳经济与低碳技术创新的相关研究,大致集中于以下几个方面。

Campiglio E 在研究低碳经济问题时总结了国外相关学者给出的低碳经济的定义,相关定义普遍从概念界定的角度出发,认为低碳经济的定义普遍与低碳技术有密切相关性,在传统经济发展模式下,低碳技术较少提及甚至不被重视。而 Campiglio E 从方法论的角度出发,定义低碳经济为一种以市场机制为核心的新经济模式,通过制度创新的推动作用,达到提高能效、降低能耗、减少碳排放的目的,而低碳经济得以发展的关键在于降低碳排放强度,放缓 CO_2 排放量[1];Alonso P M 等学者从行为论的角度,定义低碳经济是指经济发展在生态环境和社会层面付出最低成本时呈现的经济发展模式,包含低碳技术、低碳产业、低碳能源、低碳生活、低碳城市等[2-4];Foxon T J 等学者从革命论的角度,提出低碳经济是一场技术革命,以技术创新和制度创新作为碳基能源低消耗,碳中和、碳封存和碳捕获技术的保障手段[5,6]。

Raven R 等学者在研究低碳技术对低碳经济的影响时指出,低碳技术是影响低碳经济发展的重要方式。低碳技术的开发和最优的低碳经济减排模式要基于减缓气候变化的成本收益层次[7-9]。低碳技术变革将成为经济增长的主要发动机制,低碳技术的变革与创新是推动低碳经济发展的关键。Thomas A Weber 等学者也认为,低碳技术创新在减少全球碳排放的过程中起到了举足轻重的作用[10-13]。Grimaud A 等人从低碳技术商业化和低碳技术创新两个角度证实了低碳经济发展的核心就是低碳技术创新[14]。基于这些学者的研究可以发现,目前国外学者普遍认可低碳技术是低碳经济发展的关键,而低碳技术创新则是低碳技术进步的关键。

从低碳技术来源角度探讨了相关因素对低碳经济持续增长的重要意义。基于技术外生的假定,Campiglio 等学者测量了污染、生产清洁度等生产函数变量,通过模型分析等技术手段肯定了经济增长、可再生资源等与污染控制的关系[1,15,16],进而提出促进经济增长的可用路径。Valente S 丰富了传统经济增长模型,着重处理规模报酬、资源利用与经济增长的关系,通过模型测算得到经济可持续增长可实现情境的相关研究结论[17]。

还有一些学者从技术内生的角度对低碳经济增长进行诠释。Midtbø 通过引入环境变量,完善了内生经济增长模型,发现了环境政策变量对经济增长的影响规律,肯定了环境政策对经济增长长期的重要影响[18]。Grimaud 和 Rouge 也从技术内生的角度对最优经济增长路径进行了探索,通过研究发现得出劳动者技术水平的提高以及对现有技术的创新可以有效降低可耗竭资源的适用进而优化经济增长路径[19]。还有一些学者对现有经济增长模型进行了具体的量化测算,用相对数据的对比结果反映出技术进步、经济政策、低碳环境等层面的因素对经济持续增长的重要作用[20-24]。

综上可知,国外学者对低碳经济的概念和低碳技术创新对低碳经济发展的影响等方面展开了深入的研究,他们普遍强调低碳技术的发展对低碳经济发展的重要作用,并分别强调了低碳技术发展的内生作用和外生作用,低碳技术变革对经济持续增长起着至关重要的作用,将会成为经济增长的主要动力机制,对展开装备制造企业低碳技术创新动力机制的研究提供理论指导与支持。

1.2.1.2　低碳技术创新影响因素相关研究

从目前国外学者关于低碳技术创新影响因素的研究成果来看,国外学者对低碳技术创新影响因素的研究集中于某一领域的观点陈述,大多数学者集中于对特定研究领域个别影响因素的研究,这类研究呈现出很强的情境性。通过对现有研究成果的梳理,发现国外研究主要涉及碳税政策、环境规制、污染治理、企业战略决策等方面,这些研究成果为装备制造企业低碳技术创新动力机制的研究提供了有力的支撑。

碳税政策对低碳技术创新的影响研究。在国外研究中,学者们普遍认为碳税政策是推动低碳技术创新的重要途径。如学者 Meltzer 研究了美国的碳税对低碳技术创新的影响,发现合理的碳税政策对低碳技术创新有积极的推动作用;同样地,还有一些学者也在研究中发现了政府的环境税、碳税政策会对企业产品销量减少、低碳技术创新、企业经营的相对成本增加、环境效益提升等产生明显的干预作用[25-27],而碳税政策配置合理的碳税补贴则可缓解企业收益的减少,并且提升企业进行减排活动的积极性[28,29]。

环境规制对低碳技术创新的影响研究。环境规制对低碳技术创新的影响主要体现在市场环境和政策环境。市场环境主要表现为技术推动、市场需求拉动等,政策环境主要是一些低碳技术创新的引导政策。如 Mazzanti 等人以意大利和德国企业数据进行测算研究,得到环境规制对企业技术创新的影响既有直接性的,又有间接性的,但是技术推动作用的检验效果不够显著,因此他们认为环境规制是企业技术创新非常重要的影响因素[30-34]。与之相反的是,Woerter M 却在研究中通过实证发现技术推动和需求拉动对创新绩效的作用检验是显著的,均能对创新绩效产生正影响[35]。Schrage M 等人在研究中发现政府的创新补贴政策在直接降低企业研发成本及风险的同时,起到刺激企业的作用[36,37]。类似地,还有一些国外学者对各个企业技术创新影响因素从不同角度进行探索、挖掘,得到了丰富的研究成果。如 Andersen 等学者发现了环境政策的严格性、灵活性和预测性对企业进行技术创新的促进作用,并且灵活性与预想的影响作用要高于严格性的作用效果[38];Lanoie P 经过实证模型的测算检验,得到环境规制与企业生产成本的反向作用规律,提出促进企业进行技术创新的途径[39];Popp D 则通过研究,进一步深化了环境规制对技术创新作用的研究结论,提出了环境规制会因不同的机制而对技术创新绩效产生不同作用效果的差异[40];Walz J 通过研究发现在环境规制中的进口关税、进口配额、环境税收等政策工具对技术创新并没有太大影响[41]。

污染治理对低碳技术创新的影响研究。一些国外学者从污染治理的角度进行低碳技术创新的影响因素研究,关注低碳技术创新的投入支出问题对污染治理的效果。Hamamoto M 研究了创新支出方面几个影响因素间的关系,发现污染控制、研发两方面在支出上存在显著的正相关关系[42],政府的环保政策通过对企业创新活动产生规制作用而对污染强度起到控制作用。在提倡通过污染治理进行企业低碳技术创新活动的同时,一些学者同样发现了技术的推动作用,是介于污染治理与企业低碳技术创新活动中的影响因素。Johnstone N 等人发现以治理污染为目的的技术专利支出能够对技术创新产生促进作用,同时政府用于污染治理的研发支出也能够激发企业的低碳技术创新活动[43]。González 等人也通过实证检验发现了政府补贴在企业技术创新方面的"挤出效应",并认为政府的创新补贴政策可能会对企业低碳技术创新起到负向作用,影响企业自身技术创新投入,阻碍企业可持续经营与发展[44-46]。

企业战略决策对低碳技术创新的影响研究。除了企业外部环境一些因素受到国外学者的关注外,一些涉及企业内部制度、管理决策的问题也被认为是影响低碳技术创新的重要因素。如 Puller 通过研究发现,在垄断行业中,技术创新是企业在市场竞争中成本提升的主要原因,但这一成本提升的同时也带动了企业利润,这一过程是企业战略决策对政府环境政策实施的有效应对[47]。

综上可知,在国外学者低碳技术创新研究中,更加关注政府环境规制这一重要影响因素,强调环境规制是低碳技术创新的关键因素,对低碳技术创新起着激励的作用,但也不能忽视政府环境规制可能对低碳技术创新产生挤出效应,不利于低碳技术创新的长远发展。虽然对低碳技术创新影响因素的研究集中在特定领域,但是会出现不同领域或维度影响因素间的交叉,或者影响因素间存在相互的作用关系,进而对低碳技术创新产生影响。总体来说,目前国外学术界对低碳技术创新影响因素的研究比较分散,对影响因素之间的关系、从属的维度、属性分析缺乏统一的研究逻辑及框架。

1.2.1.3　技术创新动力相关研究

国外学者在低碳技术创新动力方面的相关研究成果大致集中于技术创新外部动力相关研究、技术创新内部动力相关研究以及技术创新动力相关要素研究三个方面。

（1）技术创新外部动力相关研究

通过对国外研究进行梳理，发现当前主流的技术创新外部动力主要体现在技术推动力和需求拉动力两方面。国外学者对技术推动力的研究较早，该观点来源于熊彼特的创新学说，其原理是创新带来新产品的发明和技术变革，使得企业提高生产效率、节约成本并获取更高的收益[48]。在技术推动力之后，Peters M 提出了需求拉动力理论，该观点认为需求是创新活动的源泉，是带动投资的重要因素，需求的提升会拉动企业整体创新水平[49]。技术推动力和需求拉动力这两种技术创新外部动力的区别在于，技术推动力是从技术本身发展出发的，需求拉动力则更多考虑外部市场环境。在此基础上，外部技术创新动力又衍生出几个相关动力，Dosi G 等人提出了技术轨道理论，认为技术轨道形成的技术范式是促进技术创新的条件[50]，这一观点也证实了技术需求与技术创新的关系，是对需求拉动力的进一步阐释。Mowery 也在研究中将技术推动与需求拉动两种外部动力进行融合，共同对企业创新活动实践产生促进作用[51]。随着各学者对技术创新外部动力研究的深入，随之出现了企业家创新偏好动力和政府启动动力，在企业技术创新活动中加入了对企业外动力来源的考量，重视了企业家个人和政府在创新活动中的作用[52]。

同时，市场因素也被认为是影响企业技术创新外部动力的重要因素[53,54]。技术因素和外部制度因素是研究低碳技术创新过程的重要动力[55,56]。在激烈的市场竞争环境中，取得技术优势是企业发展的关键所在，要想通过降低生产成本来促进低碳经济发展，寻求新的替代能源或生产技术是有效途径，这就需要不断促进新能源和再生能源的开发[57]。如何通过降低成本提升市场竞争力，Richard R G 等人在研究中提出了降碳减排的途径以降低企业成本的可用途径[58-60]。Effie Kesidou 等人对企业技术创新外在动力进行了类别的具体划分，并提出不同动力因素对不同项目所引起的作用不同的观点，得出需求动力因素对企业技术创新的影响与生态创新水平无关的结论[61]。

（2）技术创新内部动力相关研究

国外一些学者从企业战略管理的角度,基于组织行为学理论,将创新企业作为研究的主体,挖掘企业技术创新的决策情境,如利用期望理论进行企业创新决策探讨,并依此构建企业技术创新动力分析逻辑[62-64]。另外,一些学者倾向于从创新企业的实际经营出发,探索影响关乎企业持续发展的内部动力因素,通过发现企业经营中遇到的问题,找到提升企业技术创新动力的有效途径,Rischin D 等人认为由于企业经营中遇到的生产要素缺失问题,导致企业作出技术创新的战略决策,以降低生产成本,增加企业利润[65]。Rosenberg 通过研究分析,找到了企业经营的阻碍因素,他认为技术发展差异、生产环节规范性、资源供给充足性都会对企业生产经营产生一定压力,促进企业选择创新策略[66]。Weber D J 等人在研究中表明,除了企业生产过程中出现的经营阻碍因素,企业领导者的个人因素也是企业技术创新内部动力机制的影响因素组成部分,包括衍生出来的由企业领导者自身导致的企业文化、企业制度、行为偏好等[67-70]。Duysters G M 等人的研究中也表明,企业成长中的信息化变革也是促进创新机制的要素之一[71]。

（3）技术创新动力相关要素研究

随着低碳技术创新对节能减排这一企业生产目标的影响逐渐被接受和认可,低碳技术创新的相关研究受到更加广泛的关注[72]。国外学者对低碳技术创新动力相关要素进行了大量研究,肯定了低碳技术创新能力对企业低碳技术创新活动的重要影响,从低碳技术创新管理、工艺创新能力到创新过程控制和创新支持力度,都是具有代表性的影响因素[73-77]。另外,低碳技术创新的商业化、转移和扩散也是学者们研究的重点[78,79],主要包括低碳技术创新的商业化应用和低碳技术创新采纳和扩散的实证研究等方面的研究[80-83]。

基于以上分析,将国外学者关于技术创新动力的研究归纳起来,大致包含动力要素及动力机制两方面内容,而技术创新动力机制包含企业内部动力机制及外部动力机制两个研究维度,但忽视了低碳技术创新内部动力机制和外部动力机制的协同作用机制,因此,需要进一步探索,从而找到装备制造企业低碳技术创新动力机制是研究的出发点和落脚点。

1.2.2 国内研究现状

1.2.2.1 低碳技术创新对低碳经济发展起重要作用的相关研究

为应对日益严重的环境危机与能源危机,国家对生态环境及能源利用效率高度重视,相继发布开发低碳能源、促进低碳经济发展的指导意见。在经济发展需求及国家政策导向下,国内大量学者开始投入低碳经济有关课题的研究中。从区域经济发展、产业结构调整、能源开发利用、环境污染控制到技术水平提升等方面,研究范围涉及社会发展、人民生活、政策规划等方面,取得丰富有益的研究成果,通过对各项研究成果的梳理,发现学者们普遍关注及认可环境规制与技术创新对低碳经济发展的影响效果更为显著,并对此进行了深入探索。

(1)环境规制对低碳经济发展影响的相关研究

李沙浪等人在对我国省级低碳经济发展评价研究中指出,在低碳经济发展进程中,我国工业化未来发展方向为促进环保产业发展,加大新能源行业、低碳产业扶持力度,大力发展循环经济,加速我国工业生产的低碳技术创新步伐,节约成本、优化资源配置、实现节能减排以及提倡和谐消费观等,而且要构建低碳经济发展耦合机制体系,确保能够成功向低碳经济转型[84-87]。在发展低碳经济过程中,政府是非常重要的参与方,政府的环境规制手段与企业发展关系密切。李响认为,低碳经济是具有社会公共属性特性的,其公益性相较于营利性更加突出,在一定程度上对企业生产经营的成本产生比较明显的影响。因此,在低碳技术发展的初期阶段需要政府进行规制以规避企业的短期行为[88]。从产业结构的角度方面,谭娟等人通过研究发现,环境规制对产业体系构建具有重要的作用,合理的环境规制政策会直接导致各产业单位 GDP 碳排放量的减少[89]。

另一方面,技术创新会通过环境规制的作用对企业生产水平的提升产生影响,将非效率的生产过程改变成高效节能的生产状态,用创新补偿和把握市场机会为企业带来收益,降低生产成本,使得企业经济效益和生态环境的协调发展得以实现[90,91]。

(2)技术创新对低碳经济发展影响的相关研究

国内学者通过大量研究证实了在低碳经济背景下,技术创新对经济增长的重要作用[92,93]。任力等人在研究中表明低碳技术创新在发展低碳经济过程中的核心动力作用,需要一个促进低碳技术创新的动力机制,才能带动企业的低碳技术创新活动,并发挥低碳技术创新的扩散效应[94,95]。但是,在研究中,国内学者们同样发现技术进步对低碳经济发展带来的双重作用。一方面,低碳技术的创新进步提高了能源利用效率,减少了能源消耗和碳排放量,达到了环境治理的效果;另一方面,技术进步也会降低节能环保消耗及效率,表现为技术进步的抵消作用。进一步地,将技术创新由企业扩散到社会方方面面,发挥政府、市场、行业竞争者在企业低碳技术创新活动中的引导、干预作用[96]。

综上可知,低碳经济和低碳技术对低碳经济发展影响这一议题受到了国内学者的广泛关注,并得到了深入的探索分析,明确了低碳技术创新对低碳经济发展的核心影响作用。研究结论为低碳技术创新动力机制研究提供了理论支撑,也为本书的研究提供了大量的有益参考。

1.2.2.2 低碳技术创新影响因素相关研究

(1)外部政府、环境因素的相关研究

国内学者对外部政府、市场环境因素进行了大量有益的探索。许士春利用评估模型测量了企业市场竞争力对环境规制的敏感程度,详细分析了具体产品、环保、生产成本、企业创新意愿等因素[97]。赵红通过对我国各省份工业企业数据的实证分析,探索环境规制强度与研发投资支出、专利数量以及新产品销售收入间的变化关系,得到环境规制对企业技术创新会产生促进作用的结论[91]。许冬兰等人对我国各省技术创新效率进行量化测量,分析技术效率和生产力之间的关系,发现不同地域对环境规制的反应存在差异性,并且东部地区受环境规制的影响更大[98]。江珂和卢现祥同样通过我国省际数据实证分析了环境规制与区域技术创新能力的影响,虽然研究结果同样证明了环境规制对不同区域产生的影响效果不相同,但是中、西、东北部收到的影响不明显[99]。于同申等人在研究中表明,由于环境规制的创新补偿效应和优化效应,环境规制是会促进经济增长的[100]。

(2)低碳创新效率因素的相关研究

徐盈之等学者基于诱导型技术创新理论和技术推动型理论,运用 GMM 估计法,实证研究碳税征收、低碳技术知识存量、政府科学技术财政投入和科技人员投入对我国整体及八大综合经济区低碳技术创新的影响,发现碳税政策对低碳技术创新影响效果具有很强的显著性,但碳税政策在不同经济区的影响效果存在差异性,滞后年限也随着地区产业能源消耗结构的不同存在较大差异[101]。丘书敬等学者在研究中改进了现有的生产函数模型,着重分析了经济效益和低碳效益并存模型框架下的低碳创新效率问题,并在行业特征、动态运行、影响因素几个方面进行了差异性分析,同时得到低碳创新效率与传统创新效率的测度结果显著不同;重工业化进程使传统创新效率提升快于低碳创新效率等研究结论[102]。徐建中等学者在装备制造企业技术创新行为研究中,构建了装备制造企业技术创新行为影响因素的理论分析框架,使用结构方程模型方法对已构建的理论分析模型进行实证分析,结果表明,装备制造企业技术创新意愿对其技术创新行为有正向促进作用;肯定了装备制造企业技术创新行为认知层面因素对技术创新的正向促进作用,并提出企业家认知、投入能力和组织文化是最显著的影响因素的研究结论[103]。时丹丹基于中国企业角度提出了低碳技术创新影响因素的相关假设,利用企业数据进行实证分析,测量了低碳技术研发投入、IT研发投入、企业家精神、企业创新战略、动态环境等因素对企业低碳技术创新的影响效果[104]。

(3)低碳技术创新转移与扩散的相关研究

国内学者对低碳技术创新转移与扩散的研究多采用博弈分析方法,通过呈现低碳技术转移各参与方的博弈情况,揭示低碳技术转移与扩散的运动规律。欧训民等人对低碳技术转移双方从国家宏观与企业微观两个层面进行博弈分析,揭示低碳技术转移影响因素的作用规律[105]。张发树等人也在研究中构建了兼顾国家层面和企业层面的双重博弈模型,对低碳技术转移各方间的动态关系及技术转移的合作空间进行剖析[106]。王靖宇等人运用改进的纳什均衡博弈模型研究了中央政府和地方政府间的低碳技术扩散问题,构建了低碳技术扩散体系,将低碳政策对企业最优行为选择的导向作用进行了模拟分析[107]。殷砚等学者将国外先进技术国家的直接投资扩散数据通过实证检验的方法进行比对分析,揭示我国CCS技术扩散的内在机制[108]。徐莹莹等学者在低碳技术创新网络研究中,分析了市场机制下企业选择低碳技术创新行为的实际收益大于投入时的稳态条件,为企业集群内的低碳技术创新完全扩散提供参考借鉴[109]。陆小成,刘立等学者对区域创新系统进行了研究,发现区域创新系统中的参与方,包括政府、科研机构和企业各主体在低碳技术创新过程中相互作用,共同保障了区域低碳技术创新系统的运行[110, 111]。方放等学者在研究中指出,在信息不对称的视角下,在公共部门与私有部门投资者的协同创新过程中,公共部门充分的信息供给有利于私有部门投资者将投资焦点从技术创新过程的后期阶段转向早中期阶段,并通过案例研究发现,有效的公共部门与私有部门投资者协同创新模式与政府充足的信息供给与支持,可减少信息不对称对私有部门投资者的消极作用,推进低碳技术创新进程,提升低碳产业与国家的竞争力[112]。此外,还有一些学者对实现低碳技术创新的路径进行了探讨[113]。

综上可知,国内学者对低碳技术创新影响因素、低碳技术创新效率及低碳技术创新的转移与扩散进行了大量有益的探索,在明确外部环境对低碳技术创新及低碳技术的转移和扩散等方面具有重要影响的同时,还强调企业低碳技术研发费用和研发人员投入、创新战略及企业家精神等内部因素直接影响企业低碳技术的创新及效率。

1.2.2.3　技术创新动力相关研究

国内学者在技术创新动力方面进行了长期、广泛的探索,通过梳理现有研究成果,发现大致分为技术创新内在动力研究、同时兼顾内外部环境的技术创新动力研究以及技术创新动力系统研究三个方面。

（1）技术创新内在动力相关研究

国内的一些学者对技术创新内在动力进行了深入研究,多以心理学基础理论和组织行为学理论作为研究的基础。周晓东等学者在研究中明确阐述了企业技术创新活动的动力以及动力影响因素间的具体内在联系,构建技术创新动力分析模型的同时,考虑了企业技术创新的内在需要和创新风险因素[114]。万君康等学者从技术创新的内因方面分析其动力问题,融入了技术创新效益和成功率变量,提出技术创新的期望理论[115]。许小东研究了技术创新的期望与风险关系的动力问题,给出了企业技术创新正向动机驱动力的创新动力值边界,并发现随着动力值的增加,企业技术创新动力水平也在增加,最终给出了同时考虑内外因素的企业技术创新动力机制模型[116]。赵建彬等人研究了企业技术创新内在需求和创新动机状态间的关系,对企业目标结构、企业利益结构和企业创新能力与技术创新本质特征的拟合程度进行了测量并加以验证[117]。在以上研究的基础上,技术创新动力机制理论最终形成,国内学者们从利润、成就导向、社会价值实现等多角度对企业技术创新的内在动力进行阐释分析[118-121]。

（2）同时兼顾内外部环境的技术创新动力相关研究

国内一些学者在研究中将技术创新动力分为内部动力和外部动力两部分分别进行研究[122-124]。还有一些学者认为企业创新内部动力和外部动力共同对企业技术创新产生影响[125,126]。欧绍华等学者按照技术创新动力的实施主体进行分类,分为企业主体和个人主体,分别对二者进行创新动力的探索[127]。

姚明月等人认为,技术创新动力会受到来自外部环境的市场需求拉力、市场竞争压力、创新主体特性、企业创新能力、创新活动的可持续性、创新的政策支持几个方面因素共同决定[128]。赵红丹在研究中阐明,技术创新动力机制的构成为技术创新内部动力与外部动力因素的集合[129]。程云喜则将技术创新动力分为动力机制的构成要素和环境因素[130]。

（3）技术创新动力的系统相关研究

党印等学者研究了企业技术创新的激励机制,构建了企业技术创新激励机制系统,深入分析了其运行规律[131-134]。李敏娜等学者进一步深化了技术创新激励机制形态情景,并提出了企业技术创新系统是技术创新激励因素互相作用结果的研究结论[135,136]。吕振永、王旭、黄群慧等学者也在研究中分析了企业技术创新的激励形式,将激励的形式分成市场激励和社会激励,并肯定了两种激励形式对企业技术创新的推动和刺激作用[137-139]。

同时,还有一些国内学者对现阶段我国企业技术创新动力机制的问题和原因进行了探索研究。

（1）企业技术创新的动力机制运行的不确定性及风险性研究

一些学者研究了企业技术创新动力机制的不确定性和风险性。王春法在研究中认为,技术前景的不确定性和市场前景的不确定性是技术创新发展需要面对的共同问题[140]。吴清认为,技术创新活动必然伴随创新风险,技术创新的需求要素、市场竞争、产品生产过程等都具有不确定性,这种不确定性是伴随技术创新全过程的,与经营风险相比,技术创新的风险具有战略性、风险损失的巨大性、可变性和复杂性等特征[141]。柴丽俊等学者研究了企业技术动力的阻碍因素,基于企业技术创新活动的不确定性,利益机制和成就感则会转化为阻力[142]。

（2）技术创新动力机制不足的原因的相关研究

通过对国内学者研究问题的整理分析,找到了创新动力机制的不足之处,认为利益机制、激励机制和控制约束机制的缺乏是造成动力机制不足的重要原因,最终可能导致创新资金不足而中断[143]。肖广岭等学者认为技术创新的内部和外部环境中有很多干扰技术创新动力的因素,如企业产权纠纷、技术本身、领导管理智力因素入股及参与分配、税负问题、文化环境等[144]。许庆瑞等学者指出我国企业自主创新能力演进的驱动因素研究不足的问题,提出吸收能力的构建是这种演化模式下的内在基础,历史压力和随机事件在这一过程中起着外部推力的作用[145]。

对低碳技术动力的研究主要是对"绿色技术"或"环境技术"等更为广泛意义上的环保类技术创新的动力研究。许庆瑞等学者对绿色技术创新问题进行了系统的理论和实证研究,并总结出动力源包括政府法规要求、突破工艺瓶颈需要、应对社会舆论压力需求、用户需求、进入国际市场需要五个方面,在绿色技术创新的动力源上,总结出我国学术界目前已有的研究结论主要包括法规标准、政府强制、经济利益驱动、社会需求拉动、技术进步推动、职工工作条件要求等[146]。

综上可知,国内学者较为详细地研究了低碳技术创新动力的内外部环境及动力系统,同时重视到了创新动力机制不足的问题。通过整理研究成果资料发现,国内学者在内部动力机制方面的研究更广泛、也更全面,但兼顾内部和外部动力机制的整体动力机制分析还比较缺乏。

1.2.3 国内外研究现状评述

目前,世界各国均面临着严峻的生态环境与经济发展之间的矛盾问题。如何寻求经济高速发展与环境友好发展成为世界各国重点研究的课题。低碳经济因其环境友好性成为当今世界各国普遍认可的经济发展模式。因此,世界各国越来越重视低碳经济的发展,学术界对低碳经济、低碳技术及低碳技术创新的研究形成了丰厚的成果,为本书对低碳技术创新动力机制的研究提供了重要的研究支持。总体而言,国内外学者的研究主要集中于三方面:一是对低碳经济与低碳技术创新内在关系的理论探索,主要论证了低碳技术创新对低碳经济可持续发展的重要作用;二是低碳技术创新影响因素的探讨,主要集中在市场机制、政府环境规制措施等对低碳技术创新的影响研究,如碳排放权交易制度、补贴政策和碳税制度等;三是技术创新动力方面的探索,主要集中在低碳技术创新联盟和低碳技术创新管理经验等方面的研究。但是,针对我国装备制造企业低碳技术创新动力机制问题,还需在以下几方面做进一步探讨。

装备制造企业低碳技术创新动力机制问题应进一步展开对动力机制的结构内容的深度挖掘。通过对现有国内外研究成果梳理分析,发现当前学术界普遍认可从动力机制的角度进行企业技术创新问题的研究,并在企业内部动力机制、企业外部动力机制、动力机制影响因素问题等方面取得了大量有益的研究成果。但是,国内外学者大多从单一研究视角展开相应的企业技术创新动力机制问题探讨,尚缺乏对动力机制内容、结构、影响因素等进行系统性的总体阐述。弄清各种动力机制、各类型影响因素的具体内涵、提出合理的分析依据,揭示其具体作用及关系,是探究装备制造企业低碳技术创新动力机制问题的基本前提和重要理论基础。因此,还需从动力机制的具体内容、结构、关系等方面对装备制造企业低碳技术创新动力机制的结构和内容进行深入挖掘。

装备制造企业低碳技术创新动力机制影响因素有待根据动力机制结构来源进行差异化识别与研究。近年来,学术界关于动力机制影响因素的研究取得了丰富的研究成果,国内外学者多将视角聚焦到具体动力机制影响因素选取方法、影响因素及影响因素作用关系的探讨等。这些研究成果都是着眼于某一特定研究议题,对动力机制影响因素展开的深入剖析。但是,对影响因素的来源、选取的理由与依据、在合理情境下影响因素选取的全面性等领域的研究还比较缺乏。装备制造企业低碳技术创新动力机制研究,属于规定特定情境的研究议题,即限定了装备制造和低碳技术创新条件。那么,在这一限定情境下,应该如何进行影响因素的选取,又要选取哪些作为研究探讨的动力机制影响因素、这些影响因素的研究方式有无差异,影响因素内在又存在何种作用关系,要回答这一系列问题,尚需找到影响因素的来源、依据,并判断影响因素选取的全面性与有效性。因此,在确定动力机制结构和内容基础上,装备制造企业低碳技术创新动力机制问题尚有待根据动力机制结构来源进行差异化识别与研究。

基于系统观视角的装备制造企业低碳技术创新动力机制研究内容尚待充实。现有研究表明,近年来动力机制的系统观研究越来越受到学者们的关注,并取得了一定研究成果。但是,国内外关于动力机制系统的研究多集中在动力机制系统运行稳定性方面,其中有部分学者的研究涉及系统运行中影响因素的作用问题。对装备制造企业低碳技术创新动力机制的研究涉及内容较多、情境较复杂,如果假设对动力机制的研究不集中在单一维度,而是多维度进行研究,那么动力机制的系统运行也将考虑不同动力子机制在整个动力机制系统中的协同问题。因此,从现有研究成果出发,对系统观视角下的动力机制研究内容尚待丰富、充实与完善,对装备制造企业低碳技术创新动力机制的研究也应充分考虑动力机制系统中各子机制的协同问题。

动力机制的研究尚需从具体研究逻辑与方法进行深入探讨。对国内外文献进行研究发现,近十几年来经济管理学科普遍接受了经济问题、管理问题的机制研究与设计,但是对机制的内涵、机制与机理等相近词语的使用和界定存在比较模糊的现象,这是由于不同学者将机制论引入自己的研究中,充当不同的作用论据,不同的研究者会选取研究者偏好的角度对机制内涵进行情境阐释与描述。但是,对于机制与动力机制的具体研究思路在现有研究成果中尚未达成统一。应选取什么样的逻辑思路、技术方法对动力机制研究进行指导与保障,是各种动力机制问题研究必须深入思考的问题。因此,装备制造企业低碳技术创新动力机制问题,尚需从具体动力机制研究逻辑与方法进行深入探讨,为整个研究奠定基础。

1.3 研究内容与研究方法

1.3.1 研究内容与思路

1.3.1.1 研究内容

在我国经济发展与生态环境保护这一矛盾日益突出的情况下,如何突破装备制造企业低碳技术创新发展瓶颈,找到其低碳技术创新动力的影响因素并对这些影响因素间的作用规律进行剖析与揭示,是装备制造企业低碳技术创新发展、变革的当务之急。为解决影响我国装备制造企业低碳技术创新发展的这一现实问题,研究从装备制造企业低碳技术创新动力机制的结构着手进行,明确了装备制造企业低碳技术创新动力机制由装备制造企业低碳技术创新内部动力机制、装备制造企业低碳技术创新外部动力机制和装备制造企业低碳技术创新动力系统协同演化机制三部分构成,进而展开动力机制影响因素识别及影响因素间作用关系的研究论证。在理论梳理与研究的基础上,提出问题假设,应用多元回归、演化博弈等方法对我国装备制造企业低碳技术创新动力机制影响因素及影响因素间作用关系进行研究,旨在揭示装备制造企业低碳技术创新的动力作用规律,并提出保障装备制造企业低碳技术创新动力机制运行的有益建议。主要包括以下几方面内容。

第一部分,确立装备制造企业低碳技术创新动力机制整体研究框架。通过分析阐述装备制造企业分类及特征、装备制造企业低碳技术分类及特征、装备制造企业低碳技术创新概念及特征分析、装备制造企业低碳技术创新动力机制结构与研究框架相关内容,确立了以装备制造企业低碳技术创新内部动力机制、装备制造企业低碳技术创新外部动力机制和装备制造企业低碳技术创新系统协同演化机制的研究逻辑,以及以动力机制影响因素与影响因素间作用关系、动力机制系统运行规律为主要研究内容的整体研究框架。

第二部分,识别装备制造企业低碳技术创新动力机制影响因素,并分析其作用机理。首先提出装备制造企业低碳技术创新动力机制影响因素的识别逻辑,在这一逻辑框架指导下,使用扎根理论方法对装备制造企业低碳技术创新动力机制影响因素进行识别与分析,确定装备制造企业低碳技术创新内部动力机制和外部动力机制的影响因素;其次,通过分析装备制造企业低碳技术创新的动力及其作用,对装备制造企业低碳技术创新动力机制影响因素作用机理进行探讨与揭示。

第三部分,装备制造企业低碳技术创新内部动力机制研究,揭示内部动力机制影响因素间的作用关系及规律。根据装备制造企业低碳技术创新内部动力机制影响因素识别研究结果,遵循理论探讨、问卷分析、实证验证及结果讨论的逻辑,运用投影寻踪法、层次回归分析、带有中介变量的调节模型检验方法等对装备制造企业低碳技术创新内部动力机制问题展开深入论证与分析,最终确定装备制造企业低碳技术创新的内部动力机制。

第四部分,装备制造企业低碳技术创新外部动力机制研究,剖析装备制造企业低碳技术创新外部动力机制作用规律。对装备制造企业低碳技术创新作用机理及其演进规律进行分析,在此基础上运用演化博弈方法提出基本研究假设,构建实证模型对装备制造企业外部动力机制的演化规律进行揭示,并通过低碳工业园区企业案例对装备制造企业低碳技术创新外部动力机制的实践进行剖析。

第五部分,装备制造企业低碳技术创新动力系统协同演化机制研究。从演化经济分析范式角度研究企业低碳技术创新的内外部动力影响因素的协同演化规律,通过装备制造企业低碳技术创新动力系统的自组织演化分析和协同演化机制的实证分析,揭示装备制造企业低碳技术创新动力机制影响因素的自组织机制演化规律和装备制造企业低碳技术创新动力系统协同演化机制的运行规律。

第六部分,提出保障我国装备制造企业低碳技术创新动力机制运行的具体建议。综合装备制造企业低碳技术创新内部动力机制影响因素及影响因素间作用关系、外部动力机制影响因素及影响因素间作用关系、装备制造企业低碳技术创新系统协同演化机制运行规律的实证分析结论,基于低碳经济创新生态系统理念,提出装备制造企业低碳技术创新动力机制运行的保障思路,并给出具体的实施建议。

1.3.1.2 研究思路

研究遵循归纳与演绎相结合、理论整体性、因素分-合的结合性、实证可应用性的原则,按照问题的提出—理论归集整理—研究思路确定—假设提出与验证—问题的解决这一分析逻辑,深入剖析并揭示我国装备制造企业低碳技术创新的动力机制问题,为装备制造企业低碳技术创新效率提升与生产方式加速转型提供保障其动力的对策建议,为提升我国低碳技术水平、促进我国低碳经济快速发展提供有益借鉴。

1.3.2　研究方法

本书研究采用了以下研究方法。

文献研究与调查研究相结合方法。首先,采用扎根理论的方法从实践经验的角度对装备制造企业低碳技术创新动力机制影响因素进行识别;其次,结合现有理论成果,对识别出的影响因素进行整合归纳,最终确定出装备制造企业低碳技术创新内部动力机制的影响因素。扎根理论方法能够从生产实践的角度广泛挖掘知识理论框架下未能发现的内容,对既有知识框架进行补充,符合知识随时间更新迁移的演进规律,扎根理论方法能够充分体现理论与实践的相互间能动的反作用关系。因此,在装备制造企业低碳技术创新内部动力机制影响因素挖掘结果的基础上,结合现有的理论成果,将理论与实践进行统一,融合两种方法各自的优势,更为系统和全面地对装备制造企业低碳技术创新内部动力机制影响因素进行挖掘,为研究装备制造企业低碳技术创新内部动力机制间各个影响因素间的作用关系打下基础。

实证研究方法。采用投影寻踪法、多元回归分析法对装备制造企业低碳技术创新内部动力机制进行实证验证与分析。投影寻踪法能够对高维数据进行降维处理,进而揭示高维数据的结构特征;多元回归分析法是将所有需要进行多元回归的变量同时纳入回归方程,建立因果关系模型。采取投影寻踪的方式对影响因素变量进行降维处理,采用多元回归、强迫进入法将投影寻踪法处理的数据进行带入,得出的实证分析结果作为分析并揭示装备制造企业低碳技术创新内部动力机制影响因素间作用关系及规律的基础。

演化博弈分析方法。采用演化博弈理论方法构建装备制造企业低碳技术创新外部动力机制演化博弈模型,求得系统的演化稳定策略及达到稳定需要满足的条件,重点剖析了政府、市场、技术等外部动力机制影响因素对装备制造企业低碳技术创新的作用机制。演化博弈分析方法结合了演化思想和博弈理论的优点,能够通过动态演化的方法分析经济现象和行为演化的规律。研究运用演化博弈分析方法,假设行为主体是有限理性的,并以此为基础推进研究,即博弈方不能获得自己及其他博弈方的全部信息或策略,但具有可以取得行为博弈方信息及正确调整行为的能力,从而能够更好地解释博弈主体的动态过程。

协同演化分析方法。研究运用协同演化分析方法构建装备制造企业低碳技术创新动力系统协同演化模型,揭示企业低碳技术创新过程的内部动力机制影响因素和外部动力机制影响因素的协同演化规律和动态演化路径。协同演化分析方法能够将演化经济分析方法与协同学方法相结合,协同演化是一个具有双向或多向的因果关系,并通过互动者之间相互反馈、共同推动的适应性变化过程,主要反映了组织、技术、环境等子系统之间的长期反馈关系。研究利用协同演化模型测度企业低碳技术创新内部动力因素和外部动力因素之间的协同度,为提升装备制造企业低碳技术创新动力机制提供有力的保障。

1.4 创新之处

本研究确定了装备制造企业低碳技术创新动力机制研究遵循动态和静态运行相结合的研究结构。将研究视角由技术创新动力机制内容构成动态运行系统拓展到将装备制造企业低碳技术创新动力机制的静态结构和动态运行结构两种形态进行结合,与自身行业特性、低碳技术表现相融合,使得二者与动力机制紧密关联,通过分析确定装备制造企业低碳技术创新动力机制研究结构是对现有研究的进一步深入推进。

本研究识别了装备制造企业低碳技术创新动力机制的影响因素,并揭示其作用机理。根据装备制造企业低碳技术创新动力机制的结构划分,确定装备制造企业低碳技术创新内部和外部动力机制影响因素;明确装备制造企业低碳技术创新动力机制研究逻辑,揭示装备制造企业动力机制的结构及影响因素的运行规律,与一般企业低碳技术创新动力机制影响因素相比,融合了行业特性、低碳技术特征、动力属性、动力作用机理等分析依据,结论的给出更加全面、深入,拓宽了企业低碳技术创新动力机制研究的逻辑思路。

通过装备制造企业低碳技术创新内部动力机制的实证研究,揭示了装备制造企业低碳技术创新内部动力机制影响因素间作用关系与规律。构建装备制造企业低碳技术创新内部动力机制理论模型,选取多元回归分析、投影寻踪的方法检验影响因素间作用关系,实证并揭示了装备制造企业低碳技术创新内部动力机制影响因素间的中介、调节作用规律。

通过装备制造企业低碳技术创新外部动力机制的演化博弈研究,揭示了装备制造企业低碳技术创新外部动力机制影响因素间作用关系与规律。运用演化博弈理论构建并揭示了装备制造企业低碳技术创新外部动力机制,及外部环境对装备制造企业低碳技术创新的交互作用。研究立足内部机制影响因素和外部机制影响因素的差异性,结合演化博弈与案例分析的研究方式,更清晰地对外部动力机制影响因素间作用关系及规律进行呈现。

通过装备制造企业低碳技术创新动力系统协同演化机制的研究,揭示装备制造企业低碳技术创新动力机制影响因素的协同演化运行规律。应用自组织模型建立装备制造企业低碳技术创新动力协同演化分析范式,揭示装备制造企业低碳技术创新的协同演化过程,及内部和外部动力机制相互协调的动态演化规律;应用协同度模型,对基础数据进行实证检验,反映和衡量内外部动力协同演化机制的协调程度,确认其中的短板因素及原因。明确装备制造企业低碳技术创新动力系统分析分为自组织分析和内部动力机制影响因素与外部动力机制影响因素协调演化分析两部分,揭示了内部和外部动力机制影响因素的协调演化过程及规律。

从创新生态系统运行的角度提出保障、提升装备制造企业低碳技术创新动力的建议。从装备制造企业自身、装备制造产业和低碳技术创新生态系统三方面,协调好企业、人才、资源、政府、市场、科技之间的相互作用关系,提出依托市场机制和政府政策引导,加强装备制造企业低碳技术自主创新意识与能力,增强市场、政府、科技、企业之间协同效应的具体建议。

第 2 章
装备制造企业低碳技术
创新动力机制的基础理论研究

装备制造企业相较于一般工业制造型企业,其与市场机制、政策引导、生态环境、产业系统密切相关,具有明显的行业特殊性。低碳技术创新是我国工业经济发展转型的重要保障,我国低碳技术的发展与低碳技术创新的特征表现关系到产业发展与国家低碳经济转型效果。进行装备制造企业的低碳技术创新决策,需要明确其生产技术缺陷、低碳技术创新动力属性,厘清动力机制与装备制造企业低碳技术创新行为之间的关系,明晰装备制造企业低碳技术创新行为的动力作用机理。对相关重要概念和基础理论进行辨析、比较与思考,这是进行装备制造企业低碳技术创新动力机制问题研究的重要保障,也是为进一步的深入剖析奠定理论基础。

2.1 装备制造企业分类及特征分析

2.1.1 装备制造企业概念界定

目前,学术界对装备制造的研究多集中于装备制造产业层面,而对于装备制造企业理论界尚未形成明确的概念界定。装备制造企业针对的是微观个体层面的研究对象,但装备制造企业与装备制造业在学术研究中经常出现概念混淆的现象,甚至很多研究者在自己针对装备制造企业的研究中直接用装备制造业来表述装备制造企业,Nakada M 在其对低碳技术能源开发的研究中曾指出,要明确区分产业层面和企业层面的不同概念,避免因概念混淆造成的研究对象混同[147]。装备制造企业,从属于装备制造业,二者是分别从企业层面和产业层面提出的,有着同源性[148]。为了避免在研究中出现因为概念界定不明确导致的研究表述含糊,研究的首要前提是界定好装备制造企业的概念。

装备制造企业是企业层面的概念,而装备制造业是产业层面的概念,属于装备制造企业的上位概念。装备制造企业的概念来源于装备制造业概念涉及的具体内容。因此,本书根据现有研究成果进行梳理、对比与整合,从一般企业的概念内涵综合分析得出装备制造企业的内涵。

装备制造企业是指具有中国特色的以盈利为目的,运用各种生产要素(土地、劳动力、资本、技术、企业家才能等)向市场提供系统、主机、零部件、元器件等产品以及各种技术服务的法人或其他社会经济组织。装备制造业为一个国家或地区的发展以及安全提供重要的技术装备的先进制造业。按照国民经济行业分类,装备制造业属于工业领域中制造行业的核心子领域,其行业特性表现为资本密集、技术密集与劳动密集,它体现了一个国家发展的综合实力。

2.1.2　装备制造企业的分类

装备制造企业是我国特有的一种企业类型。在世界其他国家的企业类型中并没有装备制造企业这一概念。例如,北美地区以工业机械及设备制造企业,日本以生产机器的机械制造企业,欧洲一些国家以资本货物制造企业等相关概念对这类企业类型进行界定。因此可以说,装备制造企业是具有中国特色的一种企业类型。

由于装备制造企业的概念是我国所特有的,因此,目前对装备制造企业的所属行业分布在国际上并没有统一的分类标准。我国装备制造企业所属行业分布,根据国民经济行业分类标准,分为七个大类,185 个小类,其中,七大行业类别包括机械、电子和兵器工业中的投资类制成品,分属金属制品业、通用装备制造业、专用设备制造业、仪器仪表及文化办公用装备制造业。这相当于国际工业分类标准(ISIC)中的 38 大类。

装备制造企业概念的提出首先明确了装备制造企业相关研究的落脚点应落实在企业个体微观层面,其实质仍然是一种企业类型,但是,装备制造企业作为具有中国特色的涉及保障国家安全及国计民生等众多领域的一种企业类型，其自身又具有区别于一般企业类型的特征，因此，有必要对装备制造企业的特征进行深入分析。

2.1.3 装备制造企业的特征

装备制造企业作为一种具有中国特色的涉及保障国家安全及国计民生等众多领域的一种企业类型，其不仅反映了国家经济发展的综合实力，而且在一定程度上决定着工业化发展的进程，是对一个国家或地区综合竞争力的一种衡量指标，它呈现如下几方面特征。

（1）技术资本密集

装备制造企业相较于一般企业类型而言，其创新活动频率较高，对技术的依赖性也更高，装备制造企业往往会吸收很多新的产业技术，并通过各种技术消化手段将这些新技术转化为本企业的现实生产力，低碳技术作为一种新兴的技术类型，能够提高装备制造企业在低碳经济市场环境中的竞争力，因此受到装备制造企业的广泛关注。装备制造企业属于高技术资本密集型企业，对低碳技术的需求和依赖程度相较于一般企业类型都更高。装备制造企业在整个产品生产过程中，通常要求生产技术不仅精细、高标准，而且要均衡和协调，其中若有某一项或几项技术水平不达标，则其生产的产品就是残缺品或将导致生产失败，这说明装备制造企业在生产产品的过程当中对技术存在较强的依赖性。对装备制造企业而言，有些产品的生产技术难度大，单独一个装备制造企业可能无法完成生产，甚至需要相关的多个装备制造企业联合进行生产才能完成整个产品的生产制造过程，基于此原因，装备制造企业在进行高难度的低碳技术创新时，同样需要通过企业间的竞争性联盟来实现优势互补，达到加快装备制造企业低碳技术创新突破的目的。同时，装备制造企业的生产周期一般较长，所需要的流动资金相对较多。因此，装备制造企业相较于一般企业其对技术和资本的依赖性更强，具有技术资本密集的特性。

（2）生产关联效应

装备制造企业所属的装备制造业涵盖了七大细分行业，各个细分行业在生产制造上保持着紧密的联系。这说明各细分行业之间的企业具有较高的生产关联度及较长的产业链条，这使得其生产发展具有较强的外部效应，这种较强的外部效应主要表现为装备制造企业所属细分行业的发展对其他行业的发展具有巨大的影响力,因此,若装备制造企业能够实现低碳技术创新的快速发展将会以产业联动发展的方式带动与其密切相关行业的快速发展。具体表现为,当某一装备制造企业通过采用现有低碳技术或通过低碳技术创新而获得更高的利润和社会评价时,低碳技术创新的价值就会以该装备制造企业为基点,以点状离散的形式传导至周边企业,并引起周边企业的效仿,周边企业又会成为新的离散点,出现进一步的离散。当实施低碳技术创新的装备制造企业达到一定规模时,这些企业会以网状互联的方式寻求合作,进而形成竞争性联盟。所以说,装备制造企业具有较强的生产关联效应。

(3)生产技术含量及附加值高

装备制造企业的高技术密集特性,要求生产过程中维持高技术的生产制造水平,因此,装备制造企业生产的产品相较于一般企业类型生产的产品其技术含量及附加价值普遍更高。装备制造企业的产业链条相较于其他企业类型所属产业的产业链条来说都相对较长。装备制造企业的产业链条涵盖了从产品的创新研发、技术开发投入、原材料采购、零部件加工到整套设备生产制造、产品的销售及服务等全过程,整个产品创造过程中包含了相关联的上下游企业的共同参与过程。这实际上构成了一个完整的产业链,在整个产业链条生产创造过程中,要求各生产部门具有极高的分工协作能力及非常高的生产合作效率。这种要求对生产技术的科技含量及附加值要求很高。因此,装备制造企业具有生产技术含量及附加价值高的特性。低碳技术作为一种科技含量较高的技术类型,其应用于创新能够在很大程度上提高装备制造企业生产技术的科技水平,并增加其所生产产品的附加值,进而提高装备制造企业产品的市场竞争力和企业的利润。

(4)品牌与服务的市场导向明显

随着装备制造企业不断突破技术壁垒,我国装备制造企业实力得到增强,企业发展开始逐渐意识到市场需求的变化,高质量的产品在品牌效应推动下更容易在激烈的市场竞争中取胜,产品的品牌包含产品自身质量和企业服务两方面。现阶段,我国装备制造业竞争不断加剧,无论是何种规模的装备制造企业,也无论是从事零部件生产抑或是整机装配的装备制造企业,都在市场导向下提升产品质量,研发新技术,注重品牌提升,根据市场导向,提供符合实际需求的技术产品。

(5)企业发展与生态环境相协调

生态破坏、环境污染及能源枯竭对我国经济发展的影响越来越明显,装备制造企业也在生产过程中不断寻求替代能源,降低能耗、减少污染。另外,企业竞争的加剧和产品利润空间的减少,促使装备制造企业采用节能环保装备来组织生产,最大限度地降低成本。因此,我国装备制造企业正在积极寻找清洁能源,加速技术创新与生产方式转型,更加重视企业发展与生态环境的协调。

2.2 装备制造企业低碳技术分类及特征分析

2.2.1 装备制造企业低碳技术的概念界定

目前,学术界普遍将低碳技术定义为一种提高能源使用效率或降低能源需求的有效控制温室气体排放的新技术,具体涉及可再生能源及新能源、二氧化碳捕获与埋存、煤的清洁高效利用等领域,涵盖了冶金、电力、石化、建筑等众多部门。该概念的界定涵盖了装备制造企业低碳技术涉及的行业部门和所依托的具体技术,这类概念充分地体现了装备制造企业低碳技术的适用范围及技术所涉及的领域。但是,不同学者在进行装备制造企业低碳技术概念界定时主要将其研究的某一项或者某几项具体的低碳技术在概念中进行罗列展示,并未对低碳技术的整体类型进行全面系统的梳理和分类。因此,可以说目前学术界对装备制造企业低碳技术并未形成统一的概念界定,这会导致对装备制造企业低碳技术动力机制进行研究时面临装备制造企业低碳技术概念不清晰的问题,会对研究的准确性、客观性造成一定的影响。所以,本书力求在一般低碳技术概念的基础上结合装备制造企业的自身特点对装备制造企业低碳技术的概念进行界定。

低碳技术的出现和发展是伴随着人类对日益严峻的生态形势的认识而出现并发展的。纵观当前全球生态环境,能源资源紧缺、气候变暖等问题严重,且呈现出日益恶化的趋势,这样的生态环境迫使人类必须寻求一种与生态环境和谐共生的发展模式。原有的掠夺性、破坏性的发展模式必将被一种环境友好性、可持续性的发展模式所替代。因此,世界各国开始不断探索解决环境问题的方法。低碳技术作为能够有效解决这些环境问题的重要方法之一,受到世界各国的广泛重视。而装备制造企业作为保障我国国计民生的一种企业类型,其低碳技术的发展关系到整个国家经济转型是否顺畅,经济发展模式是否健全。因此,国家、企业、消费者都对装备制造企业低碳技术的发展投入更多的关注。

从低碳技术的概念可以看出,发展低碳技术的主要目标之一在于减少二氧化碳的排放量。可以说,控制二氧化碳的排放量甚至杜绝二氧化碳的排放是低碳技术创新的关键点。当前主要有四种措施来控制和降低二氧化碳浓度(温室气体的主要成分见表 2.1):一是提高能源使用效率,即利用先进技术提高单位能源的转化效率,从而通过降低能源消耗总量的方式降低二氧化碳的排放量;二是利用碳捕捉和封存技术,即采用捕捉和封存的方式控制排放到大气中的二氧化碳总量,此种技术虽然在一定程度上能够控制二氧化碳的排放量,但是无法从根本上解决高碳排放的问题;三是发展清洁能源,即开发和使用可再生能源,如风能、太阳能等新能源,但是目前由于各种因素的限制,导致清洁能源的使用范围、规模都相对较小,短时间内无法达到彻底替代化石能源的目标;四是通过植树造林,增加碳汇量,此种途径是一种由被动减碳转为主动降低空气中二氧化碳总量的途径,通过植树造林等方式恢复生态系统自净能力来主动降低碳排放量是一种值得大力推广的有效途径。

表 2.1　温室气体的主要成分

主要成分	增温效应 /%	存活时间 / 年	100 年全球增温潜势 /GWP
二氧化碳	63	50～200	1
甲烷	15	12～17	23
氧化亚氮	4	120	296
氢氟氮化物	11	13	1 200
全氟化碳		50 000	-
六氟化硫及其他	7	3 200	22 200

通过上述分析可知,装备制造企业所使用的低碳技术的发展过程呈现出对碳排放容忍度逐渐降低的趋势。从利用节能减排技术实现生产、消费、使用过程低碳化的减碳技术,低碳捕捉、碳封存等去碳技术,再到彻底使用清洁能源替

代化石能源的无碳技术。装备制造企业运用的低碳技术在种类上呈现出多样性的特点,同时在对碳排放的容忍程度上呈现出容忍度下降的特点[149]。装备制造企业低碳技术发展的此种现状表明,装备制造企业在生产的过程中对低碳技术的重视程度正在逐渐提高。装备制造企业已经不再局限于如何实现减碳,更在追求如何实现碳循环利用甚至是完全实现无碳化生产。

综上所述,基于装备制造企业所运用的低碳技术的特点,并结合装备制造企业技术资本密集、生产关联效应高、生产技术含量附加值高、品牌与服务市场导向明显、企业发展与生态环境相协调的特点,本研究将装备制造企业低碳技术的概念界定为:装备制造企业低碳技术是指装备制造企业在生产、提供高技术含量和品牌效应的产品和服务的过程中,为了提高能源利用效率、减少能源需求而产生的一种技术手段,此种技术手段以减少二氧化碳排放量为目标,以高技术资本投入和企业间生产高度关联为保障,以实现装备制造企业与生态环境保护协调发展为宗旨,广泛应用于电力、冶金、建筑、化工等领域的有效控制温室气体排放的新技术。

值得注意的是,装备制造企业低碳技术的概念有广义与狭义之分,基于本书的研究对象为装备制造企业低碳技术创新动力机制,因此所界定的装备制造企业低碳技术属于狭义的装备制造企业低碳技术。而广义的装备制造企业低碳技术包括一切能够在装备制造企业研发、生产、仓储、物流等全产业链环节中降低碳排放量的技术手段。

但是从目前装备制造企业低碳技术现实的发展情况来看,前述的四种途径均存在着明显的技术瓶颈,无法充分发挥其作用。如何有效地发挥每一种低碳技术的最大效用,如何合理选择并组合运用恰当的低碳技术,以及如何刺激装备制造企业主动进行低碳技术创新这些问题,仍需要进一步的研究。为了能够更好地把握我国装备制造企业低碳技术的发展现状,研究有必要对装备制造企业所采用的低碳技术的类型进行梳理并分析。

2.2.2　装备制造企业低碳技术的分类

装备制造企业低碳技术作为一种新兴的技术类型,目前正处于高速发展的阶段,各种具体的低碳技术不断涌现。庞杂的技术名称对装备制造企业低碳技术的研究产生不利影响,因此要想从整体角度对装备制造企业低碳技术进行研究,有必要归类分析装备制造企业现有的低碳技术,并明确其类型。

通过低碳技术的概念可以看出,低碳技术的核心在于减少对化石能源的依赖,进而减少因大量使用化石能源而产生的二氧化碳总量,且此种技术涉及的部门和领域众多,因此,低碳技术发展的快慢直接对这些领域和部门产生不可忽视的影响。因此,低碳技术目前得到世界各国普遍重视,成为理论界研究的热点课题。

拥有最先开发并具有关键的、核心的低碳技术的国家和企业将在国际竞争中处于优势地位,并掌控竞争的主导权。我国作为世界上规模最大、发展速度最快的发展中国家,也将发展低碳技术作为维护生态平衡、应对资源环境问题、保证经济可持续增长的重要手段,并将大力发展低碳技术创新这一关键议题上升到国家发展战略层面[150-151]。低碳技术是低碳经济发展理念下孕育而生的,是一种社会发展模式的转变[152],相比于传统技术,低碳技术更符合当代可持续发展的理念。研究通过对传统的高碳技术与低碳技术的对比,作出如下分析,见表 2.2。

表 2.2　高碳技术与低碳技术的对比分析

特性	传统技术	低碳技术
价值观	强调人类社会对自然界具有控制能力	坚持可持续的发展观,强调人与自然的和谐发展
评价标准	主要衡量经济发展指标,及产生的经济效益	着重考量产生的经济效益、消耗的能源与碳排放程度,即能够将技术价值与经济价值兼顾衡量
对生态系统的影响	对生态环境系统具有很大的破坏性,呈现高消耗、高排放、高污染的特征,是一种低循环的生产方式	共建人与自然和谐的生态系统,具有低消耗、低(零)排放、低(零)污染的特征,是一种高循环的生产方式
经济增长方式	增加资源的使用量	实现经济较高增长,提高资源利用效率

从当前低碳技术的发展现状来看,装备制造企业低碳技术主要可以划分为三种类型:减碳技术、去碳技术、无碳技术,见表2.3。

表 2.3　低碳技术的类型

低碳技术类型	定义	涉及重点领域
减碳技术	利用节能减排技术实现生产、消费、使用过程的低碳、高效能、低排放、低能耗、低污染	电力、热力生产和供应业、石油加工、化学原料及化学制品制造业、炼焦及核燃料加工业、黑色金属冶炼及压延加工业、非金属矿物质品业等二氧化碳高排放量工业行业
去碳技术	产业过程中捕获、封存和积极利用排放碳元素的去碳技术,实现二氧化碳充分利用,努力实现碳的零排放	碳回收与储存技术、二氧化碳聚合利用等
无碳技术	发展和使用清洁能源技术,实现无碳排放	风能、太阳能、核能、水能等技术

(资料来源:根据中国低碳网信息整理)

从低碳技术的类型可以看出,减碳技术、去碳技术、无碳技术这三种低碳技术手段对碳排放的容忍程度在逐渐降低,各种低碳技术均具有其自身的优缺点。

减碳技术是在容忍碳排放的同时采取低碳技术手段降低二氧化碳的排放量,其核心在于如何在排放的同时降低碳排放,但是由于排放和减排的互斥性,此种低碳技术天然存在不可忽视的缺陷性,即无法通过减碳技术来彻底解决碳排放问题,所以说减碳技术是一种最为初级的低碳技术。但是,减碳技术也有其自身的优点,减碳技术的技术难度相对较低,比较容易推广和实现,因此也是现阶段装备制造企业采用比较多的低碳技术类型。

去碳技术相较于减碳技术,其对二氧化碳排放的容忍程度降低,去碳技术力求通过技术手段回收、存储和再利用二氧化碳,其目标已经不再像减碳技术一样只追求如何减少碳排放,而是进一步谋求如何将排放出去的二氧化碳进行控制和再利用,去碳技术在对已经排放出去的二氧化碳的再利用和控制方面相较于减碳技术迈出了实质性的一步。所以说,去碳技术是在减碳技术的基础上进一步发展而来的。由于去碳技术在减碳的同时要实现对二氧化碳的控制与二次利用,因此此种技术手段的技术难度相较于减碳技术更高,推广的难度也相对更高。

无碳技术是通过寻求化石能源的替代能源,力求从根本上排除化石能源的适用,杜绝因化石能源进行能源转化而产生的二氧化碳排放问题。无碳技术是高级的低碳技术,但是受制于各种影响因素的制约,无碳技术的发展仍然受限。

2.2.3 装备制造企业低碳技术的特征分析

低碳技术在发展过程中将会面临不同的障碍,如技术障碍、成本障碍等。对关键低碳技术发展过程中面临的主要障碍进行识别,有利于抓住和掌握我国装备制造企业当前发展低碳技术所呈现的特征,从而有利于有的放矢地推进低碳技术创新的发展[153-155]。不同领域低碳技术发展的障碍有所区别,能源和建筑领域关键低碳技术发展障碍见表2.4。

表2.4 能源和建筑领域关键低碳技术发展障碍

领域	低碳技术	技术障碍		成本障碍		其他障碍
		研发障碍	示范障碍	增加规模	经济刺激	
能源领域	地热发电	▲	▲	▲	▲▲	
	生物质发电	▲	▲		▲▲	
	风力		▲	▲▲	▲▲	▲
	太阳能光伏	▲	▲▲	▲▲	▲▲	
	聚光太阳能	▲	▲▲	▲▲	▲▲	
	海洋能	▲▲	▲▲	▲▲		
	氢能	▲▲	▲▲	▲▲		
	先进煤蒸汽循环	▲	▲	▲	▲▲	
	整体煤气化联合循环		▲▲	▲▲	▲▲	
	CCS+IGCC(煤)	▲▲	▲▲	▲▲	▲▲	
	核能(四代)	▲▲	▲▲	▲	▲▲	

续表

领域	低碳技术	技术障碍		成本障碍		其他障碍
		研发障碍	示范障碍	增加规模	经济刺激	
建筑领域	LED照明	▲	▲	▲▲	▲▲	▲▲
	地源热泵			▲	▲	▲▲
	家用电器			▲	▲	
	建筑物保温技术	▲	▲		▲	▲▲
	太阳能供热和制冷		▲	▲	▲▲	▲▲

注:1. 根据 IEA 中科院能源战略研究组的研究结果进行整理。

    2. ▲▲表示在目前是很重要的障碍,▲表示在目前是不太重要但是仍有影响的障碍。

如前文所述,我国装备制造企业在低碳技术创新上虽已有成就,但受制于各种因素的影响,其发展的速度与规模都受到诸多问题的限制。为了有效应对巨大的节能减排压力与发展之间的矛盾,我国装备制造企业与政府都在寻找有效的途径来促进装备制造企业的低碳技术创新。我国政府尝试摸索建立各种有利于低碳技术发展的模式,如我国目前正大力推进碳交易市场的建立和完善,并不断完善碳交易制度建设、健全相关法律规范及惩罚机制等措施,为低碳技术创新和发展创造良好的市场环境。诸如此类的探索和尝试虽然取得了一定的成果,但因当前各种复杂因素的限制,我国低碳技术呈现以下几方面的特征。

(1)低碳技术依赖市场调节

市场的调节作用对装备制造企业低碳技术创新具有重要的调节作用。市场经济是碳交易市场有效运作的基础,碳交易市场的核心作用在于发挥市场在碳交易过程中的调节作用,通过碳交易市场的调节作用来引导和刺激装备制造企业实现节能减排的目标。当前我国经济正处于市场化初级阶段,区域经济发展水平及文化水平差异较大,资源配置不够健全且资源流动性差,这一系列市场方面存在的问题直接对碳交易市场形成阻碍作用,使得碳交易市场的调节作用无法得到充分发挥。因此,市场需求分布不平衡,资源流动性差等问题对碳交易市场有效运作产生影响。

（2）低碳技术的区域发展差异明显

我国装备制造企业因其涉及的产业类型众多,分布的范围广泛,所以对区域经济发展的依赖性较强。区域经济发展的水平直接影响该区域内装备制造企业低碳技术创新的水平。当区域经济发展水平较低时,该区域内的装备制造企业的创新意愿也较低,低碳技术创新的动力不足。传统工业因能源与资源的分布不平衡导致了区域的差异化发展,这种差异性不仅体现在企业的盈利能力上,更体现在企业是否愿意承担更多的社会责任上。我国地理位置方面的经济发展不平衡,对我国统一的碳交易市场建立以及不同区域内装备制造企业低碳技术创新构成了一定阻碍,致使我国装备制造企业低碳技术发展呈现明显的区域性差异。

（3）低碳技术发展主体规范意识缺失

国家出台的相关引导性、规制性的法律法规对装备制造企业进行低碳技术创新具有较强的影响作用。虽然有关环境、环保方面的法律法规较多,但是,受制于立法的滞后性,目前我国关于碳排放的法律法规的建设仍处于起步阶段。但是反观公司法等对装备制造企业规制更为直接的相关法律法规,还并未在立法上作出相应的调整,这就导致法律法规在很多领域存在着空白,如对碳排放权进行规定的法律法规尚不明确,一些关键问题也没有在排放权中具体规定。在市场经济快速发展的背景下,相关法律法规的缺位必然导致低碳技术发展主体法律责任与低碳自主意识的缺失,此类问题的存在正是由于相关法律法规体系不健全导致,其对装备制造企业低碳技术创新产生诸多负面影响。

（4）低碳技术发展的政府监管不充分

因低碳技术的发展主体存在于开放的市场环境中,政府对装备制造企业行为进行有效的规制,此种规制更多的是强调一种主动社会意识的倡导,期望高碳装备制造企业承担环境保护的责任与义务。同时,涉及企业生产环境监管的部门层级分布密集,容易出现权责不清、标准不统一、上级管理规范与地方的区域经济发展需求不匹配等情形。因此,我国当前在碳使用企业的政府监管方面尚不充分,取得的监管效果具有一定局限性。

（5）低碳技术扩散受限

在装备制造企业低碳技术创新过程中,低碳技术的转移与扩散水平对整个装备制造业低碳技术的发展具有重要的影响作用。但是,目前装备制造企业之间存在着低碳技术转移与扩散的壁垒。由于我国目前装备制造企业低碳技术发展水平呈现明显不均衡的特征,这种低碳技术转移与扩散的壁垒进一步限制了低碳技术在不同装备制造企业之间进行流转与扩散。如何打破阻碍低碳技术转移与扩散的壁垒,为低碳技术在不同装备制造企业之间扩散打通渠道具有重要的研究价值,是当前亟待解决的问题。

（6）低碳技术创新受企业家领导行为的限制

装备制造企业的本质仍然是一种企业,其存在的核心目的是获利。企业家作为装备制造企业的领导者,其领导行为与企业家精神对低碳技术创新起着重要的作用。与其他类型企业相比,装备制造企业因其涉及保障国计民生及国家经济安全等众多领域,因此需要承担比普通企业更多的社会责任。企业家精神与领导行为对一个装备制造企业的影响重大。但是,目前很多装备制造企业领导者的领导行为阻碍着装备制造企业低碳技术创新的发展,并且严重缺乏正确的企业家精神。这类领导者通常只将企业的盈利作为第一考量目标,较少甚至放弃考虑企业家与企业需要承担的社会责任,在一定程度上阻碍低碳技术创新的发展。

基于以上分析,我国装备制造企业低碳技术创新仍处于起步阶段,在自主创新方面会遇到较大阻力。这是由于一项低碳技术的生命周期从理论提出、技术开发、难点公关、试验过渡到最后的生产与市场检验,需要投入大量的资源成本与时间价值。市场经济快速发展导致企业丧失低碳技术创新意愿,利润最大化驱动高碳企业偏好于采用从国外引进新技术与先进设备的方式在激烈的市场竞争中发展博弈,这就导致在加速我国产业发展的同时,却抑制了低碳技术创新的发展。同时,在装备制造企业低碳技术创新的外部环境存在着如市场、政府等诸多影响因素的影响,这些问题都是装备制造企业在进行低碳技术创新的过程中需要面对和解决的问题。

2.3　装备制造企业低碳技术创新及其动力分析

2.3.1　装备制造企业低碳技术创新的概念及特征

2.3.1.1　装备制造企业低碳技术创新的概念界定

国内外学术界对低碳技术创新并没有形成统一的界定,学者们从不同的角度对低碳技术创新的概念进行阐述和界定。

(1)从广义低碳技术角度的定义

低碳技术创新是指在低碳发展及节约能源发展的方向上不断进行技术突破和创新,也就是主要对减碳技术、去碳技术、无碳技术的创新[156],目的是减少碳排放量、提高能源使用效率[157]。在当前经济发展模式及低碳技术范式下,各国越来越重视碳排放,因其对经济发展具有重大的影响[158]。低碳技术创新打破原有技术范式,是一种完全的革命性的创新,它为人与自然和谐发展、实现生态系统循环发展提供了有力的技术支撑和保障[159]。正如 Hoffert 所指出的传统能源技术因其高能耗、高排放的缺陷而破坏全球气候稳定性,与此相比,新能源技术就是一种革命性创新[160]。因此可以说,低碳技术创新就是一种突破性的、革命性的创新。

(2)从技术系统角度的定义

低碳技术创新并不仅仅是低碳技术本身的突破和进步,而是与低碳生产、低碳消费等各环节紧密关联的,构成一个统一整体的低碳创新系统。该低碳创新系统由低碳知识生产、低碳创新服务及文化等系统构成[161]。低碳技术创新系统应该是将各子系统组成要素,即低碳创新的理念、观点及技术有机融合到低碳生产的产品中,保障低碳技术创新的各组成要素能够体现在整个低碳生产过程中,是实现价值创新的过程[162],从而真正实现低碳技术创新。

(3)从创新目的角度的定义

随着全球气候变暖的问题日益严峻,低碳技术创新作为解决这一问题的核心应运而生,低碳技术创新就是为减少温室气体排放而开发并不断创新的一系列低碳技术,如水电技术、太阳能技术等[163]。低碳技术创新打破和转变现有技术范式,提倡低碳经济发展模式,也是对现有技术经济系统的突破[164-166],并改变现有生活消费方式,实现新的生态经济系统。

根据已有研究基础,本书将装备制造企业低碳技术创新定义为:一种以绿色、低碳为发展理念,以减少温室气体排放为目标,兼备有社会公益属性,且广泛涉及低碳技术开发、生产乃至消费等多重领域的一种包含渐进性创新的突破性创新。

2.3.1.2 装备制造企业低碳技术创新的特征分析

低碳技术创新不同于传统技术创新,是比传统技术创新更高层次的一种技术革新,是为满足社会发展需求而产生的技术创新。以高碳技术为核心的传统技术实施创新的目的是获取更高的商业利润和经济效益,忽略了生态系统的平衡性和发展性,而低碳技术创新以生态经济性、社会公利益性为核心目标,呈现出以下几方面的主要特征。

（1）生态经济性

低碳经济的发展和实现的关键是低碳技术,只有不断进行低碳技术的创新,才能实现低碳技术的突破,进而实现低碳技术在各产业领域的应用。低碳产业的发展范围非常广泛,涉及人类社会生产生活的各个领域,涵盖了农业、工业及服务业。其中工业领域的低碳发展涉及低碳节能技术、低碳环保技术及低碳减排技术等低碳技术,为实现低能耗、低排放、低污染的工业生产提供技术支撑。生物质低碳技术是低碳农业最有效的低碳技术,目的就是将农业经济性和生态性的目标有效地统一起来。低碳服务业主要包含低碳金融和低碳物流服务产业。其中,低碳金融业是为低碳工业、低碳农业发展服务的,以满足它们低碳发展过程中的碳排放权交易和碳资本市场需求。低碳工业、低碳农业以及低碳服务业都是为了实现零排放、无污染的生产消费过程,实现生产与人、资源环境和谐发展的生态性目标。

（2）社会公益性

党的十九大报告中提出了要节约资源、推进清洁能源生产,降低能耗、物耗,实现生产系统和生活系统的循环衔接,加快推进生态文明建设这一明确的发展目标。开展低碳技术创新,实现低碳经济发展,就是实现生态文明建设这一发展目标的根本要求。通过节能减排及新能源等技术的创新和应用,降低二氧化碳排放量,进行低能耗、低污染的生产发展方式,形成人与自然良性循环的生态系统,进而建设可持续与生态环境友好型的社会,是全社会所有人的福祉。

（3）长期系统性

低碳技术创新不仅仅需要投入高成本，不断突破关键性、阻碍性技术，更是一种高难度、高技术的创新过程，而且需要低碳生产消费观念和文化理念的引领、制度保障、技术支撑、研发知识基础以及低碳服务推广等诸多方面的因素协调作用，才能实现低碳技术的创新。因此，它是一项长期的系统工程。低碳技术创新关系到人们生产生活方式、生产消费价值观念。因此，需要政府相应规章制度的引导与支持，通过文化渗透，转变人们消费观念和生产理念，调动全民参与到低碳、节能生产生活方式这项长期工程中，推动低碳经济的发展。

（4）高风险性

低碳技术是低碳技术创新活动的核心力量，它是一系列降低碳排放量的技术集合，并不是某一单一技术，因此低碳技术的创新需要持续投入大量的资金，以保障低碳技术的研发、产品的生产以及低碳产品的市场推广等阶段的有效进行。低碳生产、低碳产品在市场上的传播、扩散及被认可存在一定的不确定性，这取决于企业和消费者对低碳生产、低碳发展方式的认知程度，而这又源于政府、社会对低碳文化、低碳理念的引导程度。在低碳消费和理念还不成熟的市场环境下，生产出的低碳产品投放到市场以后，将面临很大的不确定性，因此，低碳产品的市场传播和扩散将受到很大阻力，最终导致企业低碳产品滞销的高风险。

由此可知，低碳技术创新是与可持续发展的目标相一致的，就是要将技术创新、节能减排、能源效率提升与可持续发展有机融合起来，因此，实施低碳技术创新是绿色低碳发展的必然要求。

2.3.2　装备制造企业低碳技术创新动力及其作用分析

2.3.2.1　装备制造企业低碳技术创新动力分析

（1）装备制造企业低碳技术创新动力种类分析

装备制造企业低碳技术创新动力机制研究，涉及低碳技术创新行为与动力两个关键因素，装备制造企业以组织的形式成为行为的发出者，这就需要厘清动机与组织行为的内在关系。在组织行为学中，明确指明了动机与行为之间存在的对应及作用关系规律：

① 同一动机会引发多种行为；

② 同一行为的产生可能源于多种或不同的动机；

③ 一种行为的发生可能是由多种动机同时引发的；

④ 合理的动机可能引起不同的行为结果，包括不合理的行为，或者错误的行为；

⑤ 错误的动机不一定会引起直接的错误行为，有时积极的行为会掩盖其外表。

基于上述描述可以发现，动机与行为存在不规则的对应关系；动机是行为发出的考虑因素，也可能是行为发出的直接推动因素；动机对行为的影响不一定是积极有效的，动机不一定都是合理存在的。因此，要弄清楚装备制造企业低碳技术创新动力机制的内在作用规律，必然要多方面、跨层次考虑动机的存在性及合理性，并且不能盲目肯定动机的有效性，要为行为结果设定判别标准，根据作用的结果建立有效的动力机制，促进装备制造企业低碳技术创新的快速发展，才是有实际指导意义的。

根据组织行为学的动机理论，在装备制造企业中，对装备制造企业低碳技术创新目标层次进行理论构建，并与装备制造企业低碳技术创新行为的动力属性相结合进行分析。根据前文对装备制造企业低碳技术创新行为的动力属性的分析，研究确定其表现为市场属性、社会属性、生态属性及系统属性。因此，与动力属性进行一一对应，可得到装备制造企业低碳技术创新动力按照层级由低到高，分为生存动力、发展动力、生态动力及系统动力四方面。

生存动力。装备制造企业的生存动力涉及以盈利为基本前提的企业实际财富创造问题，只有企业具有可持续的财富创造能力，才能经营下去。我国装备制造企业是一种特别的企业类型，装备制造企业是涉及国计民生的重要企业类型，在该类型企业当中，很多装备制造企业尚未进行股份制改革，但是其实质仍然是以营利为目的的企业，且目前国家正大力推进装备制造企业进行股份制改革，并大力支持私营企业进入装备制造领域，在此种大环境下，生存动力是装备制造企业的最基本动力。

发展动力。装备制造企业的发展动力涉及以政府政策引导为出发点的生存环境问题，企业不是孤立存在的个体，我国装备制造企业间关联度较高，处于牵一发而动全身的发展格局,装备制造企业与其他企业类型的关联度也在逐渐加强。因此,装备制造企业的发展相较于普通企业类型而言其对政府政策、市场作用的敏感程度都更高,因此只有积极响应政府政策,在社会活动中进行有益的生产活动,才能实现有价值的发展。

生态动力。装备制造企业除需承担国家工业经济发展与装备实力增强的重任,还兼具环境治理责任,只有积极参与生态环境保护活动,装备制造企业的生存与发展才有可持续性。面对当前国家提出的节能减排目标,全社会的企业都在一定程度上做出响应,装备制造企业中的大部分企业都属于高碳企业类型,因此装备制造企业必须实时响应国家号召,承担起节能减排维护生态健康发展的社会责任,因此生态动力成为装备制造企业发展的动力之一。

系统动力。装备制造企业的生产经营活动涉及整个产业链上下游企业及同行业企业成员,且呈现出企业组织形式复杂多样的特点,从系统运行的角度来看,包括来自内部和外部的人员、设备、资产、政策环境、竞争环境、市场环境等诸多要素,这些因素之间存在复杂的作用关系,如何处理好与各主体的竞争合作关系以及如何合理配置各因素,并对因素间的作用关系加以利用,成为装备制造企业技术创新的系统动力。

（2）装备制造企业低碳技术创新动力属性分析

社会属性。装备制造企业多以能源为基础生产资源,我国装备制造企业中高碳企业所占比重较大,虽然我国面临的环境问题不是一朝而至,是受到经济环境中的复杂的社会生产活动积累而来的,但是装备制造企业却是参与这一系列复杂社会生产活动的主体之一。由前文我国低碳技术发展环境分析可知,当前我国装备制造企业低碳技术创新行为并非完全自主的,一大部分装备制造企业低碳技术决策是政府规制的结果。政府带头建立碳交易市场、引导装备制造企业进行减碳技术、去碳技术甚至是无碳技术研发尝试,从政府角度出发,是出于维护生态环境平衡,保障社会公众生存环境的目的而进行的政府规制行为。从装备制造企业的角度来看,主动遵循政府规制进行低碳技术创新的过程,其实是装备制造企业发挥其社会属性,主动承担起维护公众利益、承担社会责任的行为表现。

市场属性。装备制造企业是我国现代工业经济发展的重要主体,其作为市场经济活动的直接参与者,必然受到市场导向影响,表现出市场属性。企业的市场属性是普遍一致的,即追求利润最大化。从这个角度出发,企业进行低碳技术创新,虽然会经历一段较长时期的投入等待期,在这一过程中需要大量的人力资本、充足的资金支持与各种生产设备保障。我国装备制造企业的市场竞争环境激烈、政策制度环境变化不定,长期投入需要企业付出极大的机会成本,并不是每个装备制造企业都愿意承担这种意义上的付出去换取未来收益,一切投入都是有风险的,市场不确定性是装备制造企业的主要考量内容,此时的盈利导向使企业陷入与市场、政府等多方的博弈中,都会影响装备制造企业的低碳技术创新行为。

生态属性。低碳技术的根本出发点就是解决当前碳排放污染问题,低碳技术是一种以维护生态环境为核心进行的技术变革。装备制造企业低碳技术创新即在这一根本宗旨的动力导向下,进行一系列的环境友好生产行为。装备制造企业的低碳技术创新,会以装备制造企业自身为出发点,向生产关联的供应链及产业生态链发散,辐射装备制造产业生态网络,表现出明显的生态属性。

系统属性。装备制造企业低碳技术创新过程不是简单的投入产出关系,由于我国装备制造企业面临的实际问题、扮演的社会角色以及生存发展需要具备的环境条件,导致其整个低碳技术创新过程会形成一个融合多方面因素的复杂交织系统。该系统中,各因素有明确的分工作用、通过协调因素之间的作用关系,使系统运行得更有效率,即强化装备制造企业低碳技术创新的动力效用。因此,装备制造企业低碳技术创新,实际是系统驱动过程,找到并发挥其动力源的驱动作用,是保障系统运行的关键。

2.3.2.2 装备制造企业低碳技术创新动力的作用分析

通过对装备制造企业低碳技术创新动力分析,明确装备制造企业低碳技术创新动力属性为市场属性、社会属性、生态属性和系统属性;通过对装备制造企业低碳技术创新行为与动力机制的关系分析,明确装备制造企业低碳技术创新动机为由生存动力、发展动力、生态动力到系统动力的逐层递增动机。在此动机导向和动力属性驱使下,分析装备制造企业低碳技术创新行为的动力作用机理,分别为市场属性下的利润驱动机理、社会属性下的价值驱动机理、生态属性下的协同联动机理和系统属性下的博弈演化机理,如图 2.1 所示。

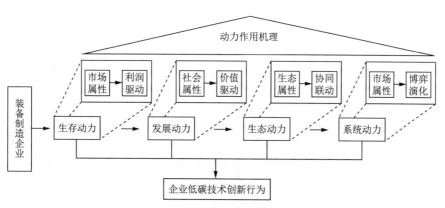

图 2.1　装备制造企业低碳技术创新动力作用机理

（1）市场属性下的利润驱动

虽然我国装备制造企业取得了长足发展，但由于我国正处于经济发展的转型阶段，相比于发达国家，我国装备制造企业的发展水平在很多方面仍存在一定距离，比如企业技术创新能力不足、企业盈利水平较低、企业的管理机制落后。

首先，受限于企业规模制约，一些装备制造企业的发展过程较为粗放，并未形成占据一定地位的核心资源。对于规模较小的企业而言，在市场竞争中，缺乏核心的技术等其他竞争力；相比而言，对于规模较大的企业，虽然具有较高的生产效率，但在市场竞争力中，产品质量、核心技术也并未形成突出的地位。其次，融资渠道不足，装备制造企业的融资渠道比较狭窄，不仅限制了企业扩大生产规模和技术资本投入，而且制约了重组发展的能力。再次，我国装备制造企业自主研发能力还比较薄弱，涉及一些高新技术装备还需要依赖进口。同样，在研发资源分配上存在缺陷，由于大量研发经费和人员都集中在研究机构，企业的技术创新缺少资源的投入，研究机构中的许多研究成果不能有效应用于企业生产实践。

综上所述，一方面，我国装备制造企业对产品的质量升级重视不足，低技术产品生产力过剩；另一方面，高技术产品生产力无法满足不断增长的市场需求，依赖外部采购现象严重。以上一系列问题，严重阻碍装备制造企业在市场中取得优势竞争地位，利润空间逐渐萎缩，造成了企业在激烈市场竞争中的基本生存威胁。

（2）社会属性下的价值驱动

装备制造业作为制造业的核心构成部分，是工业发展的基础。提高装备制造业发展水平，是实现工业化的根本保证。当前我国装备制造业的数控机床、发电设备等重点产品产量在全球处于领先地位。在行业经济规模的推动下，更多的装备制造企业意识到技术研发的重要价值，纷纷加入自主研发的队伍中，不断扩大资本和人员的投入力度，提高自主研发能力，以期跻身全球先进水平行列，进而为提高我国装备制造业的发展水平和国家综合实力提供有力的支撑和保障。

在装备制造业发展格局巨变、技术变革加速变化及我国处于经济转型的发展时期的情况下，装备制造企业不畏艰难，勇于实施技术创新，正加速转向实施产业生态竞争战略。

（3）生态属性下的协同联动作用

随着国家生态环境保护意识及低碳能源利用意识的增强，一些引导低碳能源开发利用，提倡节能环保及提高运营效率的相关政策文件相继发布，对装备制造企业来说，受这类政府环境规制导向的影响非常明显。

究其原因，装备制造企业是我国工业经济发展的重要力量，同时也是影响生态环境与能源使用的重要参与者。装备制造企业主要生产、提供专业技术装备，具有劳动密集、技术密集、资本密集的行业特点，对投资、技术进步、就业的拉动效果极为明显，是国民经济的支柱，其发展水平是一个国家综合国力的重要体现，这导致装备制造企业的生存发展受政府环境规制的影响特别大。因此，为在激烈的市场环境中提升核心竞争力、提高运营效率，就必须寻求变革，尤其是在当前环境下，创新变革以低碳技术为主导的生产加工方式、响应节能环保与生态建设、降低生产成本并提升运营效率是必然趋势。

（4）系统属性下的博弈演化规律

目前，我国装备制造行业成熟度高、竞争较为激烈，龙头企业市场地位日益突出，积极延伸产品线、产品多元化，以适应我国工程装备大型化对全系列产品的需求，如布局液压系统、电控系统等核心零部件资源以完善企业产业链布局，增强企业自身竞争优势。行业需求通过领先的现代化、自动化、数字化装载机智能制造基地,采用先进、高效、节能、环保的制造工艺和工艺设备,广泛应用激光及等离子切割机、焊接机器人、自动喷漆、粉末喷涂系统以及在线检测系统和 AGV、KBK 等高效物流系统,加快智能制造转型升级进程。为发挥装备制造企业在产业布局中的重要作用,需要处理装备生产加工系统中的各项复杂问题,如提升动态响应能力、增强抗干扰功能,设置反馈、调节机制,提高风险隔离能力。因此,我国装备制造企业在低碳技术创新系统中以行为博弈演化的方式寻找达成目标的最优路径,伴随动态变化的行为决策选择。

2.4 装备制造企业低碳技术创新动力机制结构与研究框架

2.4.1 动力机制基础理论

对于动力机制的研究,其重点在于对动力的分析,而动力是有别于驱动的。在现代汉语的解释中,动力即一切力量的来源,主要分为机械类和管理类。一方面是指,使机械做功的各种作用力,如水力、风力、电力、热力等;另一方面,比喻对工作、事业等前进和发展起促进作用的力量。总的来说,动力机制就是在正视事物的各方面条件即时存在的前提条件下,通过激发某一因素达到协调各个部分发挥作用的具体运行方式。对企业这个主体而言,其动力机制的实质就是为了实现经济发展目标,通过一定的机制,充分调动员工的积极性,进而有效发挥他们的主观能动性和创造性。

首先,有必要对机制和机理的关系进行说明。在当前学术研究中,机制和机理的研究非常广泛,但往往出现二者关系界定模糊不清,甚至使用混淆的情况。研究动力机制问题,首先要对"机理"予以明确,以保障研究逻辑路线的合理性。机理是指为实现某一特定功能,一定的系统结构中各要素的内在工作方式以及诸要素在一定环境条件下相互联系、相互作用的运行规则和原理。机制是一种体制或体系,是框架下形成的整体,"机制"由有机体喻指一般事物,重在事物内部各部分的机理即相互关系。机理只是一个理念,由相关数据及事实构成,作为机制组成的一部分。在管理学研究中,如果是分析系统要素之间的结构、行为以及关系等,两者可以通用。如果是在强调系统内部要素的运行原理,突出的是理论层面的解释,一般使用"机理";如果是强调系统要素对其他要素或者系统整体的影响,突出的是限制和规则,一般使用"机制"。

其次,需要辨析另一个经常被提到的机制,即"驱动机制"。驱动机制从概念上可分解为"驱动"和"机制"。驱动,可以解释为用动力推动,是一个动作,带动的意思,如政策驱动,资源驱动。但是,这种"驱动"的概念诠释又与"影响"一词在程度上有所区别。相较于"影响"的作用程度,"驱动"的作用表现更加重要,是影响因素中会产生最大效用的一类。再结合"机制"的定义,就是要"协调好各个组成部分使其充分发挥其作用并融合成具体运行方式","驱动机制"则可以理解为在事物发展进程中,起到关键推动作用的因素对事物发展的影响方式。由此可见,"动力机制"的内涵范畴应该包含"驱动机制"的内涵范畴,驱动机制更倾向于直接的内在指向性动力,而动力机制则不局限于企业内部驱动力,而是涵盖动力系统中的各方动力因素,此时企业行为决策的动力则不再局限于内部范畴,也会受到生存环境条件的影响[167];同时,动力机制的影响效果也超出了驱动机制的范畴,驱动机制指的是一种推动助力,与事物自身发展方向保持一致,而动力机制指的是触动因素,并不一定要与事物发展方向一致,而是对事物发展过程起到触动作用的因素,这些动力因素的影响可能是驱动性的,也可能是干预性的,是需要企业在决策过程中引起重视的,并可能在一定程度上影响事物发展的本来方向。

基于以上分析,对装备制造企业低碳技术创新动力机制的引入得出如下思考。

装备制造企业的低碳技术创新行为,从根本上是一种主动性选择行为,但从动机的角度,这种"主动性"并非绝对的,也会存在受制于环境制约的可能性。这与我国装备制造企业自身的发展环境相符合,市场导向下的个体利润最大化目标,要服从政府规制,也要遵循自然生态的生存法则,承担起装备制造企业的社会责任。

装备制造企业低碳技术创新的动力,对实际低碳技术创新的影响效果不一定是积极方向的推动力,可能是驱动因素,也可能是干预因素,但不管是驱动因素还是干预因素,还是来自内部的因素或受制于外部的因素,这些因素最终都转化为装备制造企业低碳技术创新的动力,使事情得以发展进行。

2.4.2　装备制造企业低碳技术创新动力机制结构分析

2.4.2.1　动力机制的一般结构

从机制的本质上来说,机制问题主要是研究各影响因素及因素之间的作用关系,而在系统论中被认定为系统的组织方式和动作方式,因此从形态上可分为静态机制和动态机制[168]。静态机制是指系统由各因素构成以及它们的整体的相互作用关系,因此也称结构机制;动态机制是指激发各组织主体的积极性和潜能,在企业发展过程中产生创造力和凝聚力,形成激励企业不断发展的动力。据此可认为,动力机制从形态表现上也可分为静态动力机制和动态动力机制。静态动力机制是指动力机制的结构内容,包括动力因素及动力因素之间的作用关系;动态动力机制是指动力机制的具体运行过程及运行规律[169]。

装备制造企业属于微观层面的运作主体,其动力机制体现在运作能动性方面,一般运作能动性分为两类,一类是由组织自身带来的运作,可称为自组织运作;另一类是由外部带来的运作,可称为被组织运作或他组织运作。

从动力机制运作的整体性出发,其包含三层子机制,分别为协同机制、等衡机制和同步机制[170]。协同机制指在一个组织或系统内,都应该由若干因素按一定机制组成一个有机整体,在这个整体中,各因素有其独特的功能及运作方式,以实现协同作用[171]。等衡机制指在一个组织或系统内,它的整体功能效果取决于各子系统的状态、质量、数量、功能方面具有相似的标准,处于等衡水平[172]。同步机制是对数量上因素的协同机制和能量上因素的等衡机制在时间上的逻辑性运作机制,任何一个企业或系统的进展、进化和发展,必然要求各部门和子系统的同步增进和同步发展,保障整体机制的正常运作[173]。

基于以上分析,研究发现动力机制依据不同的角度呈现出多样性的结构形式。动力机制的一般结构,如图 2.2 所示,从形态角度,分为静态动力机制和动态动力机制;从主体的角度,分为企业动力机制和系统动力机制;从运作能动性的角度,分为自组织动力机制(内部)和他组织动力机制(外部)[174,175];从系统整体运行的角度,分为协同机制、等衡机制和同步机制[170,176]。

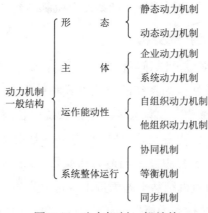

图 2.2　动力机制一般结构

2.4.2.2　装备制造企业低碳技术创新动力机制结构划分依据

装备制造企业低碳技术创新动力机制的结构划分,需要遵循动力机制的内涵、属性和一般结构,如图 2.3 所示。根据前文对动力机制研究可知,装备制造企业低碳技术创新行为受到市场导向和政策环境导向的双重影响,在市场环境中与同行企业并不是绝对的竞争关系,从低碳技术发展与生态环境保护的角度,低碳技术之间存在相互依存的关系,产业链之间也存在竞合关系,表现出系统观的连锁效应;通过对动力机制一般结构的研究,明确从企业主体的微观层面,装备制造企业低碳创新的动力来源分为企业内部动力和企业外部动力;从系统整体性运作的逻辑,装备制造企业低碳技术创新系统满足子系统功能协同、质量等衡和时间同步。基于此,对装备制造企业低碳技术创新动力机制结构划分的依据分析如下。

动力机制概念依据。根据动力机制概念,动力机制就是正视事物的各方面条件存在的条件下,通过激发某一因素达到协调各个部分发挥作用的具体运行方式,包括动力因素及动力因素之间的作用关系[177-179]。因此,根据动力机制的概念界定,确定装备制造企业低碳技术创新动力机制的划分依据为其动力机制影响因素及影响因素之间的作用关系。

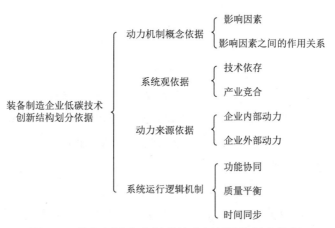

图 2.3　装备制造企业低碳技术创新结构划分依据

系统观依据。系统观依据分为技术依存和产业竞合两部分。对于高碳装备制造企业来说,低碳技术创新已经不仅仅是一个企业个体的事情,低碳技术的开发实施,需要整个装备制造行业为之付出努力,共同交流沟通,形成技术同盟,才能最快速地实现低碳技术变革;同时,作为社会生产活动中产业链的一环,装备制造企业在面对同行业企业竞争、技术联盟的同时,还要处理好产业链上下游,甚至与替代产业之间的关系[180]。不管是技术依存还是产业竞争,都是立足低碳技术创新系统提出的划分依据。

动力来源依据。动力来源依据分为企业内部动力和企业外部动力两部分[173,177]。这是基于企业市场属性和社会属性,兼顾企业的利润追求与社会责任以及结合企业技术创新的静态形态,包括自组织和他组织的分析结论,进行综合考量得出的[171,176]。因此,装备制造企业低碳技术创新的内部动力来源为企业盈利导向下的利润最大化目标,而外部动力来源为企业受外部环境规制下的社会价值目标。

系统运行逻辑依据。装备制造企业低碳技术创新系统运行的逻辑依据为功能协同、质量等衡和时间同步。从动力机制系统运作逻辑的角度,各子系统在运行的过程中,要实现能够在功能上衔接契合,保障整体机制的正常运作;质量等衡表现为每个子系统都是高质量的,每个部分的质量最优才能保证整个机制运行的效用;各系统在功能契合、质量等衡基础上,还需要保持时间同步,在同一个时间维度上运转,时间同步是功能契合和质量等衡的必要条件[178]。

2.4.2.3　装备制造企业低碳技术创新动力机制结构的确定

基于装备制造企业低碳技术创新动力机制结构划分依据,以及动力机制一般结构分析结论,确定我国装备制造企业低碳技术创新动力机制的研究结构。将形态、主体、运作能动性、概念界定、动力来源、系统论及运行逻辑等进行由静到动,由个体到整体,由概念、属性到来源的逻辑梳理,明确装备制造企业低碳技术创新动力机制的基本构成部分为装备制造企业低碳技术创新内部动力机制和外部动力机制。

但是,由于内部动力机制和外部动力机制从运行的角度存在相互影响的协同效应,基于系统论的观点,提出装备制造企业低碳技术创新动力系统的概念,即装备制造企业低碳技术创新动力系统是装备制造企业低碳技术创新内部动力机制和外部动力机制在一定的规则或规律支配下进行彼此影响、协同运行的动态演化系统。根据上文阐述的装备制造企业低碳技术创新系统运行的逻辑依据推断,装备制造企业低碳技术创新动力系统同样具有功能协同、质量平衡、时间同步的特征,并且包含内部动力子系统和外部动力子系统二元结构。装备制造企业低碳技术创新动力系统的研究能更好地集成装备制造企业内部动力机制和外部动力机制各自的作用规律,同时能够将二者协同演化、共同推动装备制造企业低碳技术创新过程的规律进行揭示,是装备制造企业低碳技术创新动力机制结构的重要组成部分。

基于以上分析,最后确定装备制造企业低碳技术创新动力机制的结构为装备制造企业低碳技术创新内部动力机制、外部动力机制和装备制造企业低碳技术创新动力系统演化机制,如图 2.4 所示。

基于装备制造企业低碳技术创新动力来源分为企业内部动力和外部动力,因此研究将装备制造企业低碳技术创新动力机制划分为内部动力机制、外部动力机制,揭示装备制造企业低碳技术创新内外部动力机制影响因素及其相互间的作用关系。

从机制的结构形态上来看,机制包括静态动力机制和动态动力机制。静态动力机制是指动力机制的结构内容,包括影动力因素及动力因素间的作用关系;动态动力机制是指动力机制的具体运行过程及运行规律。因此,将装备制造企业低碳技术创新动力机制分为包括内部动力机制和外部动力机制的静态机制和动力系统协同演化的动态机制。

装备制造企业低碳技术创新能力的提升,不仅依赖企业内外部影响因素分别在其内部环境、外部环境之间的相对独立的作用,更应深入研究装备制造企业低碳技术创新过程中内外部影响因素在整个装备制造企业低碳技术创新动力系统中的协同演化作用。研究内外部影响因素在不同情境下的协同演化程度,进而对内外部影响因素如何共同作用来提高装备制造企业的低碳技术创新能力进行深入研究。

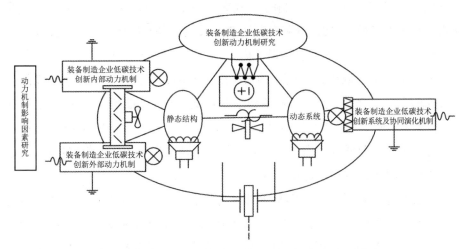

图2.4　装备制造企业低碳技术创新动力机制结构

2.4.3　装备制造企业低碳技术创新动力机制研究的基本架构

研究装备制造企业低碳技术创新动力机制问题首先要从装备制造企业低碳技术创新动力机制影响因素着眼。装备制造企业低碳技术创新动力机制的研究,以动力机制影响因素及影响因素间作用关系为研究基础,若要对装备制造企业低碳技术创新动力机制进行深入研究,就必须先对装备制造企业低碳技术创新动力机制影响因素进行识别分析,从而明确动力机制与其创新行为之间的关系,明晰装备制造企业低碳技术创新行为影响因素的作用机理,为进一步的机制深入剖析奠定理论基础。

研究发现动力机制依据不同的角度呈现出多样性的结构形式。从不同的划分角度来看,动力机制的一般结构从形态角度分为静态动力机制和动态动力机制；从主体的角度，分为企业动力机制和系统动力机制；从运作能动性的角度，分为自组织动力机制(内部)和他组织动力机制(外部)；从系统整体运行的角度，分为协同机制、等衡机制和同步机制。结合前述四种装备制造企业低碳技术创新动力机制划分依据，确定了以装备制造企业低碳技术创新内部和外部动力机制及动力机制系统作为研究逻辑结构。

从机制的静态形态和动态形态两方面，明确了装备制造企业低碳技术创新的内容构成和系统运作。结合市场机制、目标导向理论、经济学投入产出思想等，揭示装备制造企业动力机制的结构及运行规律，通过影响因素之间内在逻辑关系及作用路径，提出提升装备制造企业低碳技术创新动力的对策建议。

因此，本书的研究框架包括以下内容。

装备制造企业低碳技术创新动力机制影响因素研究。影响因素研究是整个研究的逻辑基础，是基于对装备制造企业低碳技术创新动力机制的结构划分，运用科学的方法对影响因素进行识别并在识别的基础上做系统的分析，明确动力机制与企业低碳技术创新行为间的关系及其影响因素的作用机理，为进一步的机制深入剖析奠定理论基础。

装备制造企业低碳技术创新内部动力机制研究。从企业技术创新动力机制的静态结构角度，研究装备制造企业低碳技术创新内部动力机制即要揭示内部动力机制影响因素之间的作用关系。研究遵循理论分析、问卷调查、实证验证及结果讨论的逻辑，对装备制造企业低碳技术创新内部动力机制问题展开深入论证与分析。

装备制造企业低碳技术创新外部动力机制研究。研究以装备制造企业低碳技术创新外部动力机制影响因素识别为切入点，在外部动力机制影响因素识别、分析的基础上，从作用机理分析着手，综合采用演化经济、演化博弈理论方法研究装备制造企业低碳技术创新外部动力机制。

装备制造企业低碳技术创新系统协同演化机制研究。想要提升装备制造企业低碳技术创新能力，不能割裂企业内外部影响因素之间的相互作用，应深入研究装备制造企业低碳技术创新过程中内外部影响因素在整个装备制造企业低碳技术创新动力系统中的协同演化作用。本研究将通过协同演化模型对我国装备制造企业低碳技术创新内外部动力影响因素的协同演化程度进行实证分析,对装备制造企业低碳技术创新动力系统协同演化机制进行研究。

装备制造企业低碳技术创新动力机制运行的建议。本研究将基于低碳经济创新生态系统理念,遵循从整体到局部的逻辑有针对性地对保障装备制造企业低碳技术创新动力机制提出建议。

装备制造企业低碳技术创新动力机制研究框架见图 2.5。

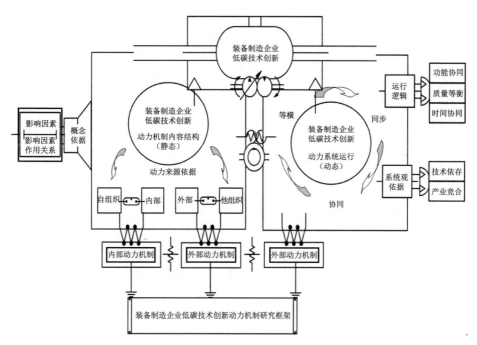

图 2.5　装备制造企业低碳技术创新动力机制研究框架

2.5　本章小结

本章确定了合理、清晰的研究框架。通过对装备制造企业低碳技术创新动力机制的结构研究与影响因素研究两部分内容进行探讨分析,本章主要对装备制造企业低碳技术创新动力机制的相关概念、基础理论进行阐述分析,并提出了研究的整体框架。明确了装备制造企业分类及特征、装备制造企业低碳技术创新动力作用和属性,以及装备制造企业低碳技术创新动力机制的结构,确定装备制造企业低碳技术创新动力机制的结构分为装备制造企业低碳技术创新内部动力机制、外部动力机制和动力系统协同演化机制,并提出了基于装备制造企业低碳技术创新动力机制结构的、以动力机制影响因素及影响因素之间作用关系为核心基础的研究框架。

第 3 章

装备制造企业低碳技术
创新动力机制影响因素研究

装备制造企业低碳技术创新动力机制结构及影响因素研究是整个研究的逻辑基础,在装备制造企业低碳技术创新动力机制结构划分的基础上,对动力机制影响因素进行识别分析,厘清动力机制与装备制造企业低碳技术创新行为之间的关系,明晰装备制造企业低碳技术创新行为影响因素的作用机理,为进一步的机制深入剖析奠定理论基础。

3.1 装备制造企业低碳技术创新动力机制影响因素识别逻辑

3.1.1 装备制造企业低碳技术创新动力机制影响因素识别依据

2018 年 6 月 10 日,上海合作组织成员国元首理事会第十八次会议在中国青岛国际会议中心举行。中国国家主席习近平在会议中指出,中国作为全球最大的发展中国家,近年来加大了对绿色经济建设与投入的力度,绿色新能源成为新形势下驱动中国经济增长与发展的重要引擎。国家主席习近平提出的"一带一路"倡议彻底激活了沿线经济发展板块,为中国装备制造企业开拓了新的市场,同时也对装备制造企业低碳技术创新提出了更高要求。随着全球气候变暖、雾霾现象等环境问题的加剧,环境对人类生存发展提出的挑战日渐严峻,发展绿色低碳经济已经成为世界各国关注的议题。低碳经济是以低能耗、低污染、低排放为基础的经济模式,实质是通过提高能源利用率和开发清洁能源来提高绿色 GDP 的经济问题。实现低碳经济的蓝图,发展能源技术和低碳绿色创新是其根本途径。目前,我国温室气体排放总量居世界第二,在哥本哈根气候大会上,我国承诺至 2020 年实现单位 GDP 二氧化碳排放比 2005 年降低 40% 至50%,这给我国经济发展带来了较大的减排压力[149]。低碳技术创新是实现低碳发展的有效途径,当前我国已取得了一定的成果,但与发达国家相比仍然处于相对落后的水平。在这样的背景下,企业发展需要面对新要求和新挑战。企业如何实现减排不仅是影响我国是否能实现绿色低碳经济发展的重要因素,也是企业能否具备可持续竞争力以及能否适应未来市场竞争环境的决定性问题[181]。但是目前我国装备制造企业低碳技术创新呈现出整体动力不足、个体创新意愿差异较大的特点。这是由于装备制造企业低碳技术创新受到众多因素的影响,因此装备制造企业实施绿色低碳技术创新影响因素的研究将成为装备制造企业低碳技术创新动力机制研究的基础。

根据前文,研究明确了低碳技术创新是要求技术创新往低碳、节能的方向发展,是对减碳技术、去碳技术、无碳技术的创新[182]。动力机制是指事物的各方面条件存在的条件下,通过激发某一因素达到协调各个部分发挥作用的具体运行方式,具体包括动力因素及动力因素之间的作用关系。装备制造企业低碳技术创新动力机制是指以低碳节能为发展方向,在减碳技术、去碳技术、无碳技术的创新过程中,系统通过激发某一个或一些因素来揭示动力因素及动力因素之间关系的运行方式。

基于此,研究将装备制造企业低碳技术创新动力机制影响因素定义为,对装备制造企业的低碳技术(减碳技术、去碳技术、无碳技术)创新过程中,通过激发某些因素对低碳技术创新行为及效果会产生积极影响,这类因素就称为装备制造企业低碳技术创新动力机制影响因素。需要注意的是,动力机制影响因素与动力因素的关系,二者所代表的语义近似,甚至在一定程度上存在语义的交叉。但是,从动力机制研究的角度来看,二者存在一定的区别。动力影响因素强调因素的驱动作用,而驱动作用是指对事物发展具有推动效用的积极作用。动力机制影响因素的重点在于"影响",而"影响"则包含积极影响与消极影响,因此动力机制影响因素既可能包含对动力机制运行具有积极意义的影响因素,也可能包含具有消极作用的影响因素。所以动力因素与动力机制影响因素在一定程度上又存在差异。在表意的范围上,动力机制影响因素应该包含动力因素。

明确装备制造企业低碳技术创新动力机制影响因素存在于企业低碳技术创新过程中,并具有影响整个企业低碳技术创新效果的作用。基于此,对这些影响因素进行识别,需要遵循装备制造企业低碳技术创新动力机制的构成结构,从装备制造企业低碳技术创新内部动力机制和外部动力机制两部分,分别识别装备制造企业低碳技术创新内部动力机制影响因素和外部动力机制影响因素,以保障影响因素覆盖全面性以及与研究结构内容的匹配性。此外,还要注意影响因素的重要作用,即对装备制造企业低碳技术创新行为的敏感性,同时注意符合装备制造企业自身的行业特性。

从低碳技术创新目标角度来看,低碳技术创新的目标是依靠科技的进步和创新,应对生态环境变化,实现可持续发展。我国一直将低碳经济发展作为工业经济重要发展战略之一,我国低碳技术创新目标则建立在低碳技术创新普遍目标基础上,既要节能减排、实现生态与经济效益的均衡发展,也要实现自主创新、突破技术障碍,增强装备制造企业的综合竞争力。

从市场机制角度来看,装备制造企业低碳技术创新是一种包含渐进性创新的突破性创新,并且其创新行为决策面临激烈的市场竞争、行业技术知识产权保护、创新效率与可持续经营等多方面问题。如何解决装备制造企业取得突破性低碳技术创新的渐进性过程中,时间成本与企业经营资产流动性的矛盾、对低碳技术创新的大量资本投入与低碳技术创新失败风险的矛盾,是需要政府部门、行业监管部门与装备制造企业共同思考的重要问题。

3.1.2 影响因素的识别方法

装备制造企业低碳技术创新动力机制影响因素由内部动力机制影响因素和外部动力机制影响因素两部分构成。其中,装备制造企业低碳技术创新内部动力机制影响因素是指对企业内源性动力产生影响的因素,主要通过企业自身内部需求引发的低碳技术创新行为动力。目前,国内外学者对类似影响因素的研究多集中于个别因素的作用关系分析,而从整体建构,层层递进地将影响因素按照一定逻辑进行筛选、挖掘的研究并不多;然而,虽然学术界对技术创新外部动力机制影响因素的研究成果比较多,但多是从普遍性角度进行的观点阐述分析,或用回归分析等数理分析方法进行的影响因素作用关系假设验证,并且关于装备制造企业低碳技术创新外部动力机制影响因素分析比较分散,从企业技术创新环境中存在的多主体角度进行的研究还比较缺乏。基于此,在研究装备制造企业低碳技术创新内部动力机制和外部动力机制影响因素之前,有必要做好系统性的影响因素挖掘工作,选择可行的分析视角,构建强逻辑、全信息的动力机制影响因素指标体系框架。

考虑具体的影响因素识别方法,学术界普遍采用质性研究方法,其大致可以分为两类。一类是理论研究法,理论研究法是学术界普遍采用的,用于理论知识框架构建的方法,一般以已有知识背景为研究基础,带有较强的经验性;另一类是实践研究法,学术界普遍采用扎根理论方法,该方法相比于一般的理论研究方法,更注重研究的实际性,是从人的认知视角出发而进行的深度探索,并基于深度访谈的质化研究对范畴和主线进行确定,进而构建理论模型的一种方法。扎根理论的根本在于从生产实践的角度广泛挖掘知识理论框架下未能发现的内容,对既有知识框架进行补充,也是理论指导实践、实践反馈理论的有效体现,符合知识随时间更新迁移的演进规律。因此,在装备制造企业低碳技术创新动力机制影响因素挖掘结果的基础上,尚需要结合现有知识结构,将理论与实践进行统一,符合研究的科学性、严谨性与可操作性。将实践发现与理论逻辑相融合。扎根理论研究方法应用较为实用而广泛,可对尚不成熟的理论构建进行深度挖掘,其实施方案的步骤包括数据的搜集、编码、理论饱和与分类[183]。具体流程介绍如下。

第一步,数据搜集。采用不同的数据搜集方法,并作为使用工具,为实施扎根理论策略提供基础数据信息。搜集的数据信息要丰富、充分且细节化,并将这些数据归入相关社会背景和情境中。

第二步,编码。该环节是对上一步的数据信息进行编码,具体包括逐行编码和聚焦编码。即首先对数据进行逐行分析,形成概念化数据;其次要对数据进行区别和分类等综合处理。

第三步,理论饱和度检验。理论饱和过程是指在现有状态下,对信息数据的完整性与全面性进行充分的考虑;分类过程是指要确保数据分类与类属相匹配,并展示其概念关系。这两个过程便于取得有针对性的数据、完善和补充主要类属的策略[184,185]。

扎根理论研究的基础和前提是进行深度访谈,并收集相关原始资料,Fassinger 等学者指出,样本大小在 20～30 人,由此确定的范畴应当选择词频 2～3 次以上的[186]。

综上所述可知,对装备制造企业低碳技术创新动力机制影响因素的识别,采用扎根理论的方法,能够通过深度访谈而获得一手数据信息,并通过扎根理论的编码及理论饱和分类对动力因素进行确定。

鉴于以上分析,本研究采用理论与实践相结合的方法进行装备制造企业低碳技术创新动力机制影响因素挖掘,以达到信息覆盖全面、理论有据可依,且能紧密联系实际的效果。研究方法的逻辑脉络如图 3.1 所示。

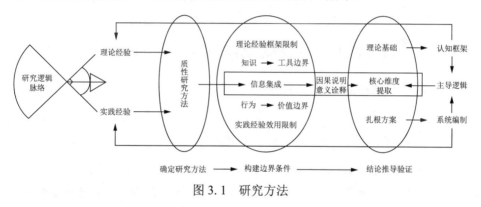

图 3.1　研究方法

由于搜集到大量数据信息在初始概念上繁杂而交互重叠,因此,需要通过分解和提炼等方式将相关相近概念进行整合,进而使得概念范畴化。在研究过程中涉及的具体步骤如下[187-189]。

深度访谈方法虽然较为单一,却也是对仅是书面陈述的调查等方法的一种弥补。深度访谈方法实施过程中,主要严格遵循两条原则:控制数据搜集和数据分析;问题设计上符合被访者的经验,以防止其回答含糊不清或方向偏离。

编码。在搜集数据的基础上进行编码,它是基础数据搜集与形成理论概念过程中的关键环节,是一种数据范畴整合、聚类的过程[188]。在对范畴化和主范畴进行界定后,最终可以确定装备制造企业低碳技术创新的动力因素。

开放性编码,是对最初获取的信息数据进行整理与编码,确保每一个访谈与编码的同步进行。通过比较分析方法对每一个访谈进行词、行和事件的逐一编码。在这一过程中实现概念的提取、剔除及聚类,最终得到信息数据的有效概念,也就是原生代码。

主轴编码,是在开放性编码的研究基础上,进一步聚焦原生代码。这一过程首先根据原生代码的重要程度和频繁程度,进行类属划分;其次,具体化类属的属性和维度,形成主范畴,即为亚类属。最后,分析和处理主范畴间的关联关系,探寻核心范畴,最终确立总体框架,即为选择性编码。

聚焦会议,是在已完成的编码的基础上,进一步补充深度访谈的研究过程,主要是对信息的汇总与筛选[189]。基于深度访谈基础上,将受访者分成3组,并分别进行讨论,然后再从各组中选取2名组员,作为代表开展第二轮的聚焦会议,要求探讨内容更为深层次,且要验证理论的饱和状态。

3.2　装备制造企业低碳技术创新动力机制影响因素识别过程

3.2.1　原始资料收集与分析

一般扎根理论研究的调查访问对象来自不同行业,由于研究方向为企业内部动力机制影响因素挖掘,更加侧重企业内部生产过程的个体认知。因此,将研究调查的访问对象确定为装备制造企业中直接参与生产及决策的企业员工。

本研究对 22 个访谈对象分别实施一对一访谈来调查分析装备制造企业低碳创新内部动力机制的影响因素和外部动力机制的影响因素。每位受访者都是与装备制造企业低碳创新工作存在某些联系的关联方,扩展了信息的来源渠道并对数据的可代表性进行了综合考量,都与低碳技术创新过程有直接或间接的关系,对装备制造企业低碳技术创新动力机制影响因素的选取能够提出具有实践意义、丰富、专业的想法,对每个访谈对象的访谈时间均控制在 60 分钟以上,经过访谈共整理出 500 余条原始语句资料及相应的初始概念[181]。部分资料的编码举例如表 3.1 所示。

表 3.1　部分资料的编码举例

部分访谈资料节选(原始语句)	概念提取	有效概念
A01 受访者 (调查者:请问您的职务是什么?)我是所里的副总工程师,负责一些高新技术装备研制的项目。(调查者:贵院所技术团队的整体水平如何?)有专门的研发中心,平均学历在硕士之上,目前正在以高薪聘请来自国外研究所的博士学历技术研发人员。(调查者:那贵单位对研发投入很重视啊,在新技术创新过程中的成本投入很大吧?)大概每年营业收入会提出近8%来做研发,研发资金需求也在逐渐加大[181]	专门的研发中心 国内外高学历技术人才 研发费用占营业收入比重	创新资源、成本 环境污染成本 技术创新收入 技术创新成果 能源利用率 污染物排放量降低
A06 受访者 (调查者:低碳技术研发成功后给贵公司带来了什么样的变化?)在对生产线进行了优化后,不仅生产效率有所提升,废水排放量和碳排放量都降低了,排放量已经远低于规定标准。(调查者:您如何看待低碳技术创新方面的成本投入问题?)排放量如果超标,一定会受到处罚,比如缴纳罚款,当然,研发是具有一定风险的,也就是说,不是所有研发都能有成果,这就意味着为了创新的成功,研发需要大量的预备资金支持,还有就是研发工作经常会出现与其他单位的合作过程,或者购买其他专利成果的使用权的现象,这些都需要投入很多资金[181]	资金需求 生产效率 规定标准 处罚 风险 预备资金支持 合作 技术购买 大量资金	污染物净化成本 研发新产品 排放成本 资金投入风险 薪金投入 原材料利用率提高 合作投入和成果 专利数量
A22 受访者 每年公司都会派研发部门的人员参加国内外前沿论坛和会议,与国际前沿接轨,还会给研发人员提供一定的进修机会。(调查者:公司领导会考虑和有竞争关系的同行一起进行技术交流合作吗?)公司也会跟同行合作,一起开发新型技术,资源优化互置、信息共享,虽然存在竞争关系,但也恰是同行间的合作能最快实现技术突破。(调查者:公司创新研发的低碳技术取得的效果如何?)在企业原系列产品基础上实现了低碳减排,并通过了国家《低碳产品认证》,在面对集团客户的销售中新产品销售业绩有很大提升[181]	参加会议交流 培训机会 同行合作 资源优化互置 信息共享 最快实现技术突破 通过国家《低碳产品认证》 销售业绩很大提升	领导行为 培训投入 联盟合作 销售收入增加 新产品销量增加

3.2.2 装备制造企业低碳技术创新动力机制影响因素的识别

根据前文对企业动力机制一般结构和装备制造企业低碳技术创新的动力来源依据的分析阐述,企业动力机制作为一个系统,它是在一定的体制环境下,企业内部及企业同外部世界间各要素、各环节、各利益主体之间的关系,而基于企业市场属性和社会属性,兼顾企业的利润追求与社会责任以及结合企业技术创新的静态形态,确定装备制造企业低碳技术创新动力分为内部动力和外部动力两部分,见表3.2。

表3.2 基于扎根理论的影响因素

维度层级	核心范畴	主范畴	内涵
内部	计划投入	交易成本	议价成本、信息成本、决策成本、约束成本等
		资源基础	有形资源、无形资源、长期竞争的优势资源等
	组织决策	竞争性联盟	相同行业、向市场提供相同或替代产品的企业所形成的合作关系
	领导行为	交易型领导	明确工作任务要求和目标,指导并激励下属不断前进
		变革型领导	明确工作任务的价值感和责任感,从员工更高需求出发激发他们的需要和愿望
	产出控制	企业效率边界	同时考虑企业治理结构与企业治理机制条件下最优治理模式
外部	市场环境	科学技术	市场上的以新技术投入为特点的技术经济活动因素
		市场竞争	市场竞争中,因生存和发展受到威胁而产生技术创新寻找生路的行为
		市场需求	在推动创新的动力体系之中,对某种特殊产品或生产工艺过程的需求
	政策环境	政府行为	政府实施的各种用以激励、规范技术创新活动的正式制度安排与非正式制度安排,以及它们的实施机制

　　根据上述对装备制造企业低碳技术创新动力机制影响因素的识别,最终以主范畴因素作为核心范畴的解释因素,作为内部层级和外部层级两个维度的验证指标。最终,经过整理分析后确定装备制造企业低碳技术创新内部动力机制影响因素为交易成本、资源基础、二元领导行为、竞争性联盟、企业效率边界;确定装备制造企业低碳技术创新外部动力机制影响因素为科学技术、市场竞争、市场需求、政府行为,如图 3.2 所示。

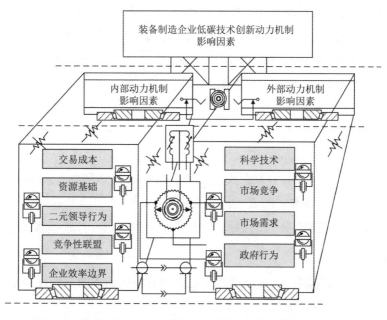

图 3.2　装备制造企业低碳技术创新动力机制的影响因素

3.3　装备制造企业低碳技术创新动力机制影响因素的作用机理分析

3.3.1　装备制造企业低碳技术创新动力机制影响因素的作用条件

　　基于对装备制造企业低碳技术创新动力机制的结构分析及装备制造企业低碳技术创新动力机制影响因素的识别,得出如下发现。

　　明确动力机制是指事物在各方面条件存在的条件下,通过激发某一因素达到协调各个部分发挥作用的具体运行方式,具体包括动力因素及动力因素之间的作用关系。装备制造企业低碳技术创新动力机制是指以低碳节能为发展方向,在减碳技术、去碳技术、无碳技术的创新过程中,系统各部分通过激发某一个或一些因素,揭示动力因素及动力因素之间关系的运行方式。基于研究识别出的内部动力机制影响因素(交易成本、资源基础、竞争性联盟、二元领导行为、企业效率边界)和外部动力机制影响因素(科学技术、市场竞争、市场需求、政府行为),研究将系统地对装备制造企业低碳技术创新内部动力机制、外部动力机制以及创新动力系统的协同演化机制进行深入研究。

研究将装备制造企业低碳技术创新动力机制影响因素定义为,对装备制造企业的低碳技术(减碳技术、去碳技术、无碳技术)创新过程中,通过激发某些因素对低碳技术创新行为及效果会产生积极影响,这类因素就称为装备制造企业低碳技术创新动力机制影响因素。装备制造企业低碳技术创新内部动力机制的影响因素为交易成本、资源基础、竞争性联盟、二元领导行为与企业效率边界;装备制造企业低碳技术创新外部动力机制的影响因素为科学技术、市场竞争、市场需求与政府行为。

研究将装备制造企业低碳技术创新动力机制的结构划分为装备制造企业低碳技术创新内部动力机制、装备制造企业低碳技术创新外部动力机制和装备制造企业低碳技术创新系统协同演化机制。研究明确了低碳技术创新是要求技术创新往低碳、节能的方向发展,是对减碳技术、去碳技术、无碳技术的创新。

3.3.2 装备制造企业低碳技术创新动力机制影响因素的作用路径

基于以上分析,有必要对装备制造企业低碳技术创新动力机制研究逻辑进行细致的梳理,为整体研究框架的确立奠定逻辑基础,保障问题研究的科学性、可行性、全面性和严密性。梳理分析得出的动力影响路径如下。

低碳技术创新确立的目标是经济、社会、环境的协调发展,装备制造企业在社会环境中,也要遵循这一目标进行生产经营活动,在追求利润最大化的同时,兼顾社会价值实现和生态环境保护。

从实现可持续发展的长期目标来看,既要依靠科技进步和创新来实现低碳技术创新,又要基于低碳经济发展目标而布局低碳技术发展及其创新。因此,我国装备制造企业低碳技术创新面临严峻的挑战和发展机遇,同时,其创新的目标不但要突破复杂的技术障碍,而且要实现经济效益和生态效益的均衡发展,以实现人与自然和谐的可持续的发展战略,并在世界经济竞争格局中立于不败之地。

低碳技术创新正是实现生态经济均衡发展的最佳方式,它不仅要实现整体社会生态经济效益最大化,而且要实现资源的最小化消耗[190,191]。这意味着将社会发展和生态环境等外部环境归入了经济发展的价值计量中,从而为真正实现生态经济价值均衡化提供了有效的途径。

低碳技术突破性创新离不开合作交流,我国低碳技术研发的发展较为迅速,然而在重点技术知识方面,我国与国际水平差距较大,需要采取联盟协作的方式促进知识信息对称,提高低碳技术研发效率。

装备制造企业自主创新能力和关键低碳技术突破是当前及未来发展过程中面临的难题。因此,低碳技术创新需要战略布局和良好的合作交流环境。一是实施低碳技术的引进与自主创新结合的方式,这种方式主要针对装备制造企业自主研发能力不足或研发低碳技术不能满足市场需求的情况;二是实施联合开发低碳技术的战略措施,这种方式主要针对装备制造企业已具备一定研究基础而科研投资需求过大的低碳技术,或者该低碳技术具有巨大的潜在国际市场的情形;三是自主研发的战略措施,这主要对于具有战略性地位的低碳技术且技术处于封锁阶段,或我国掌握了处于探索阶段的低碳技术的核心部分的情况,我国装备制造企业应该实施自主研发战略,加大资本投入,以实现技术上的突破。

装备制造企业技术创新动力机制要从静态和动态两方面考虑,静态指的是内容构成,动态指的是整体系统运行。对装备制造企业来说,同时考虑可能会影响其低碳技术创新动力的条件或因素,还要明确装备制造企业低碳技术创新动力的具体作用规律。内外部环境中的各项因素都会对装备制造企业低碳技术创新产生影响,并且这些因素的影响关系是动态的、可变的。

对一项新技术的突破,是一种突破性创新,因此低碳技术创新可以被看作一种突破性技术变革,并随着装备制造企业应用发展的成熟而使得低碳技术的收益和变革逐渐增长。由于我国装备制造企业低碳技术创新尚处于起步阶段,各项制度环境、市场环境仍有待进一步完善,因此在低碳技术创新上不能仅追求关键技术的突破性进展,而是要共同发展渐进性创新和突破性创新。正确认识低碳技术创新过程中起到影响作用的各个因素,并对各因素对装备制造企业低碳技术创新的动力作用规律进行深入挖掘,处理好装备制造企业低碳技术渐进性创新过程和突破性创新过程的关系。

影响因素的选取是机制研究的关键,既要考虑内部和外部动力影响因素的具体内容及影响因素之间的作用关系,又要考虑机制的运行效果,而整体机制的研究涉及因素之间的作用关系及系统运作的协同演化。

装备制造企业低碳技术创新会受到来自企业内部动力影响因素和外部动力影响因素的双重影响,不论从单一维度的内部动力影响因素与外部动力影响因素角度,还是从装备制造企业生存发展的整体环境角度考虑,都需要具体分析影响因素的内容及相互作用关系。而从创新系统角度,需要分析系统边界与创新系统结构要素,在技术系统框架下,低碳技术创新系统主要以低碳技术涉及的知识领域作为边界,在系统边界内,低碳技术创新过程涉及的所有主体、网络和制度要素都被纳入低碳技术创新系统中。这里提到的网络和制度要素就相当于装备制造企业低碳技术创新的整体环境,内部动力影响因素与外部动力影响因素即低碳技术创新系统的结构要素,对其创新起到协同的动力作用。

3.3.3 动力机制影响因素对装备制造企业低碳技术创新的作用机理

装备制造企业低碳技术创新动力机制,以装备制造企业低碳技术创新内部动力机制、装备制造企业低碳技术创新外部动力机制和装备制造企业低碳技术创新动力机制系统协同演化机制作为研究逻辑结构,以动力机制影响因素及影响因素之间作用关系为研究基础。从机制的静态形态和动态形态两方面,明确了装备制造企业低碳技术创新的内容构成和系统运作。结合市场机制、目标导向理论、经济学投入产出思想等,揭示装备制造企业动力机制的结构及运行规律,发掘影响因素之间的内在逻辑关系及作用路径。

通过对装备制造企业低碳技术创新动力进行分析,明确装备制造企业低碳技术创新动力属性为市场属性、社会属性、生态属性和系统属性;通过对装备制造企业低碳技术创新行为与动力机制的关系分析,明确装备制造企业低碳技术创新动机为由生存动力、发展动力、生态动力到系统动力的逐层递增动机。以低碳节能为发展方向,在减碳技术、去碳技术、无碳技术的创新过程中,系统各部分通过激发某一个或一些因素,揭示动力因素及动力因素之间关系的运行方式,即是整个装备制造企业低碳技术创新动力机制影响因素的作用机理。

从内部动力机制角度来看,研究装备制造企业低碳技术创新内部动力机制问题,就是要揭示内部动力机制影响因素之间的作用关系及规律。根据装备制造企业低碳技术创新内部动力机制影响因素识别研究,确定其会受到交易成本、资源基础、竞争性联盟、二元领导行为与企业效率边界的影响,并且这些影响因素来自企业内部决策,或与之直接相关。从装备制造企业低碳技术创新外部动力机制角度来看,低碳经济以低能耗、低污染、低排放为基础的经济模式,从制度经济学角度来看,它实际上是一种新的制度安排,也是新的经济发展模式。演化经济理论把制度和市场看作选择环节,把企业自身的文化、创新精神、能力等当作遗传机制,市场、制度本身就是演化的过程,市场竞争不仅具有资源配置的作用,还是优胜劣汰的选择机制,技术的演进过程就可看作是竞争的市场选择,低碳技术创新同样遵循着技术创新演进的过程。基于以上分析构建的装备制造企业低碳技术创新动力机制研究的逻辑框架如图 3.3 所示。

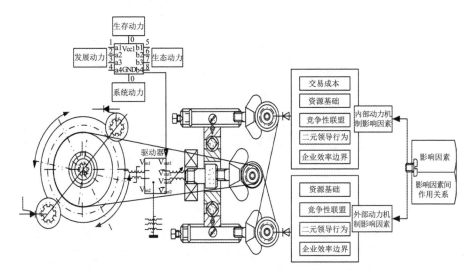

图 3.3　装备制造企业低碳技术创新动力机制研究的逻辑框架

3.4　本章小结

开展装备制造企业低碳技术创新动力机制研究,需要明确装备制造企业低碳技术创新动力机制的结构及影响因素。基于装备制造企业低碳技术创新动力机制结构的研究结论,对装备制造企业低碳技术创新动力机制影响因素进行识别与分析,确定装备制造企业低碳技术创新内部动力机制影响因素为交易成本、资源基础、竞争性联盟、二元领导行为与企业效率边界,装备制造企业低碳技术创新外部动力机制影响因素为科学技术、市场竞争、市场需求与政府行为;并揭示了装备制造企业低碳技术创新动力机制影响因素的作用机理,为后文开展动力机制具体研究奠定理论基础,并提供逻辑指导。

第4章
装备制造企业低碳技术创新内部动力机制研究

根据前文对装备制造企业低碳技术创新动力机制理论基础的分析,装备制造企业低碳技术创新内部动力机制与创新主体积累和储存知识、技术、实验基础等创造水平有关;从创新客体上与装备制造企业原有组织、协作和低碳技术体系的突破性扩张能力有关,这决定装备制造企业低碳技术创新内部动力涉及高投入、效益驱动、竞争协作等,正如在装备制造企业低碳技术创新内部动力机制影响因素识别中发现,其会受到交易成本、资源基础、竞争性联盟、二元领导行为与企业效率边界的影响。因此,研究选取目标导向行为理论、交易成本理论和资源基础理论作为装备制造企业低碳技术创新的研究视角。

4.1 装备制造企业低碳技术创新内部动力机制研究的理论基础与假设

4.1.1 研究视角的理论基础

4.1.1.1 目标导向行为理论

（1）目标导向的通用释义

目标导向是个体对同一问题会做出不同的反应,而产生这种差异的原因在于个体对目标的追求不同。它作为影响个体动机的一个重要因素,可以用来判断动机的方向,并解释其做出某种行为的原因[192]。对目标导向的定义见表4.1。

表 4.1 目标导向理论的代表性定义

代表学者	主要观点
Dweck（1986）	是指个体对目标实现状态的定位及过程解释方式的一种反应
Anderman 和 Maehr（1994）	是指个体产生目标的原因及实现目标的方式
Brett 和 Vande Walle（1999）	是指个体对目标或者任务的解释方式，及实现时的一种心智模式的反应
Swartz（2002）	是个体对不同情境作出的不同反应方式

目标导向是个体对情境环境做出的不同的反应方式，影响着个体的情感和行为，表现了个体展现自身能力的倾向，并解释了个体对某一活动做出某些行为的原因。

（2）目标导向行为理论

目标导向理论作为一种激励理论，是以实现目标为基本出发点，领导者排除各种障碍，并给予员工满足各种需求的机会[192]。该理论指出，人的行为是对外界刺激做出的反应，并实施相应动作以实现预定目标的过程。动机和目标构成人的行为基础。动机就是个体对某一事物所起的反应，并为实现这一目标而产生的动力或倾向[193,194]。同时，当实现某一目标后，应适时地进入新目标导向过程，这样可以确保维持在较高的动机强度上，进而保持积极状态[195]，就是充分发挥目标导向行为的作用。

4.1.1.2 交易成本理论

科斯首先提出交易成本的概念，把交易实质归入产权交换，并推出了两者之间的关系，也就是当交易成本为正数时，产权制度不同，就会产生不同的交易成本，相应会产生不同的资源配置效率[200]。在此基础上，威廉姆森对交易成本进行了进一步深入的研究，指出市场经济组织及其不同形态的交易关系都是一种交易成本，即经济体系运行的成本，并认为人与交易两个因素决定着市场的交易成本。其中，人的因素是假定人是有限理性的，是机会主义的[196]；交易因素是市场具有不确定性及交易对手的规模[197]。同时，他也指出了资产专用性是交易属性的核心，能引起机会主义行为，并导致交易成本的增加。

交易成本理论为经济组织的分析提供了一种独特的微观分析方法和新的分析视角。

4.1.1.3　资源基础理论

沃纳菲尔特指出企业由具有转变为独特能力的有形资源和无形资源构成,他们是衡量企业是否具有竞争优势的核心力量。组织成熟度和组织环境的区别导致各组织具有自己独特的能力,领导者应该承担起构建和维持组织竞争优势的责任[198]。Editors（2010)指出,资源和能力是稳固企业经济效益的基础[199]。这些理论内容奠定了资源基础理论发展的基础。

资源基础理论中的生产函数不仅仅是普遍的技术—产出函数,而是要实现技术和组织的有机融合。因此,生产函数作为内生的组成部分,组织技术同样起着重要的作用。这说明即使企业具有相同的投入,企业的绩效也会产生明显的差异,这在于组织技术起着一定的作用。企业经营过程中要衡量同等产出下投入更低的成本或同等投入下输出更高产出。因此,只有透彻分析企业生产经营过程中的经济绩效的显著差异,才能更好地明晰生产制度、结构或治理问题[200]。资源基础理论为企业资源配置与选择提供了理论基础。

4.1.1.4　理论整合视角下研究范式的确定

治理机制的有效性会受到交易属性的影响,这是关于效率的基本观点之一。资产专用性和环境的不确定性是其中的两个属性。较高的资产专用性与治理机制呈现正相关关系[201]。环境的不确定性会减弱市场治理有效性。市场治理机制有效性也受交易相互依赖性的影响作用[202~204]。

效率边界更注重市场的治理成本问题,也就是怎样合理优化治理成本,使其达到最小化。而边界正是治理成本最小化的那一点,这也是边界的核心观点。因此,边界决策成为一种市场交换的选择,即关于组织内部还是组织外部的交易的选择。同时,也明确了治理成本是区别于交易成本、知识差异等[205],这是最有影响力的交易成本经济学方面的解释。

装备制造企业低碳技术创新动力机制研究以目标导向理论、交易成本理论和资源基础理论作为研究的基础理论,与其受社会属性、市场属性、生态属性与系统属性下的动力作用机理形成结合,为揭示装备制造企业低碳技术创新内部动力机制影响因素的作用规律奠定理论基础。

4.1.2 理论假设的提出

交易成本理论,也称交易费用理论,是一种微观分析方法,一般应用于交易协议的经济组织中,多与组织形式演进、产权结构、企业成长、中间组织等问题的研究相关联[199-202]。一般情况下,交易成本会受到资产专属性、交易不确定性和交易频率的影响。资产专属性是指针对某一经济活动投入的资产具有不可流通性,具有用途的局限性,当投资的经济活动失败或交易契约终止时,资产相应也较难收回;交易不确定性是指交易风险发生的概率,由于认知局限,以及交易买卖双方信息不对称情况的出现,只能通过达成契约的方式保障交易双方的利益,往往伴随监督成本和议价成本的提升,使交易成本增加;交易频率与交易成本直接相关联,通常交易频率越高,相应的交易成本越高。因此,为节省交易成本,企业会选择内部化其交易活动。

交易成本从企业的市场属性出发,立足企业经营的可持续性与发展性,相较于企业管理及内部控制的组织因素,交易成本从费用的全新视角给出了企业进行低碳技术创新的原因。着眼我国装备制造企业经营生产实际,这一具有财务指标意义的交易成本确实是与装备制造企业进行低碳技术创新行为最密切相关的影响因素之一,这关系到企业的盈利空间,是其进行低碳技术创新尝试的原始内部影响因素。因此,提出假设 H1。

H1:交易成本与装备制造企业低碳技术创新行为呈正相关关系。

由于在特定属性的交易下,市场与组织内部呈现明显不同的交易成本,因此,需要处理好企业边界决策问题。在交易成本分析下,最优治理模式会随着其控制程度不同而发生变化,并产生明显区别的治理成本。企业效率边界问题关系到边界和规模两种维度,解决这两种维度的关键在于资产专用性,由此可知,要处理好交易成本和专用性的相互关系。同样地,当企业受到交易成本的动力驱使,为了达到企业效率边界,在这一努力过程中,必然会以主动性选择的方式进行最行之有效的创新变革。而低碳技术创新行为是我国装备制造企业实现可持续发展与提升市场竞争力的最直接方式,开始思考如何进行低碳技术创新,怎样将这一创新过程控制在有时间价值的范围内,而这又恰好体现了企业边界效率的内隐特征,即通过企业边界效率研究,可以揭示企业的决策效率以及决策机制的作用路径,对最开始的交易成本目标导向形成有价值的效用反馈。因此,提出假设 H2 及假设 H3。

H2:交易成本与企业效率边界呈正相关关系。

H3:低碳技术创新在交易成本与企业效率边界间起中介作用。

资源是指与企业紧密结合,较难分离的资产。企业不同种类资源呈现不同的重要价值。所以不同类型企业的特有资源在战略联盟关系中发挥着不同价值作用,同时这种特有资源类型对战略联盟结构模式的选择起着决定性作用[206]。各企业加入战略联盟的目的不同,对有些企业而言通过战略联盟可以获取相关技术或稀有资源,因此,联盟结构模式的选择也受此重大影响[207]。在联盟结构中知识转移的现象都会发生,区别在于转移方式和转移水平,因此,资源的转移水平也决定着联盟治理结构的选择。因此,提出假设 H4。

H4:资源基础与低碳技术创新行为为正相关关系。

在企业效率边界的内生方面上主要考察联盟成员的两个主要特征:资源组合和参与联盟的能力。资源构成联盟的核心要素,当不同企业的异质资源呈现互补性时,且企业间的这种互补资源相结合又能产生协同效应时,企业就会选择结成战略联盟,同时,企业结成联盟的概率会随着企业资源的异质程度的增加而增大[208]。由于企业参与联盟的期限具有不确定性,其管理技术呈现不同水平[209]。在联盟不同阶段会呈现出差异的联盟能力,且这种联盟能力与联盟网络的管理能力是不同的[210]。由此可知,企业需要具备有效管理和组织不同阶段的布置及执行任务的一种能力[209]。因此,联盟成员的联盟能力影响着其联盟的治理结构选择。现有联盟能力体现了企业内部因素的作用,他们构成了联盟企业的专有能力基础。因此,提出假设 H5 及假设 H6。

H5:资源基础与企业效率边界呈正相关关系。

H6:低碳技术创新在资源基础与企业效率边界关系中起中介作用。

根据企业管理实践及已有的研究,很难区分哪种领导行为的有效性更高。同时,现有研究更强调二元领导行为,即交易型和变革型领导行为,也就是说领导者应该能在不同情景下做出与之相适应的领导行为[211,212]。其中,变革型领导行为是领导者通过价值感和责任感来激发员工更高的需要和愿望,提高他们的积极性和主动性,对员工产生深远影响[192,213]。通常,这类领导者的价值观较为强烈,激励员工为超越个人利益的组织目标和利益而拼搏努力[214]。交易型领导行为是领导者往往明确而清晰地布置好各项工作目标,激励员工为这一目标而努力[222]。应该明确的是,这两种领导行为并不是对立的关系,而是相互补充的,其中交易型领导是基础性的领导行为,而变革型领导是在此基础上形成的[215]。当领导者在管理中实行二元领导行为时,往往可以采用鼓励和个性化关怀的方式来激发员工的需要,充分调动企业员工积极性,发挥自身潜能,在领导的带领下,积极进行低碳技术创新,促进企业效率边界。尤其是对于我国装备制造企业,固有的成熟技术需要与不断发展的市场需求与国家经济发展政策导向保持一致,装备制造企业肩负着承担国家核心竞争力、核心技术与经济增长的重任,领导者需要积极响应国家政策号召,以生态环境可持续发展为己任,不但要激励技术人员进行低碳技术创新,还要兼顾低碳发展战略,综合变革型领导和交易型领导的二元领导行为可以在企业效率边界的实现过程中起调节作用[192]。因此,提出假设 H7 及假设 H8。

H7:二元领导行为在交易成本与企业效率边界关系间起正向调节作用。

H8:二元领导行为在资源基础与企业效率边界关系间起正向调节作用。

竞争性战略联盟是指对于同一行业内的企业,提供相同或替代产品,通过各种途径或方式而形成的一种合作关系[216]。这种竞争性联盟是不稳定的,因为在联盟内竞争与合作同时共存。而这种不稳定性表现为联盟的解体或兼并及其目标、控制方式及契约等在非计划内的变化[217]。而维持联盟稳定性的关键在于相互间的忠诚和信任[218]。国内学者主要从生产组织模式、学习和能力、治理、双边关系、动态合作博弈几个方面研究联盟的不稳定性[219-222]。仍然需要进一步对竞争性联盟的边界问题及竞合动态问题进行针对性研究。

再者,合作创新可集聚创新资源、缩短创新周期,特别是对于重大创新是一种有效方式。当前,我国科技人才比较分散、技术人才稀缺、技术资源失衡是我国装备制造企业面对的几个主要问题。低碳技术创新的主导因素在社会各产业发挥作用,而装备制造产业内的竞争更是会加剧低碳技术创新人才、资源等方面的力量角逐。根据我国环境发展战略的要求,生态环境保护,低碳能源创新,投入产出效率等将成为整个装备制造行业共同面对并且急需解决的难题。此时,有目的地实施并推动竞争性联盟发展,会促进整个行业的发展,从而最大效用地发挥各自资源优势,进行互惠整合,是提升整个装备制造行业发展环境,增强行业竞争力,带动装备制造企业经营效率并推动企业低碳技术创新快速发展的有益途径。因此,提出假设 H9 及假设 H10。

H9:竞争性联盟在交易成本与企业效率边界关系间起正向调节作用。

H10:竞争性联盟在资源基础与企业效率边界关系间起正向调节作用。

综合以上分析,提出我国装备制造企业低碳技术创新内部动力机制的理论假设,假设交易成本与低碳技术创新行为存在正相关关系,交易成本与企业效率边界存在正相关关系,交易成本会通过低碳技术创新对企业效率边界产生影响。资源基础与低碳技术创新行为存在正相关关系,资源基础与企业效率边界存在正相关关系,资源基础会通过低碳技术创新对企业效率边界产生影响,二元领导行为正向调节交易成本与企业效率边界间的正向作用,二元领导行为正向调节资源基础与企业效率边界间的正向作用,竞争性联盟正向调节交易成本与企业效率边界间的正向作用,竞争性联盟正向调节资源基础与企业效率边界间的正向作用。各影响因素之间的假设关系如图 4.1 所示。

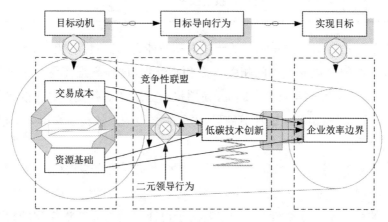

图 4.1　影响因素之间的假设关系

4.2　装备制造企业低碳技术创新内部动力机制的实证研究

4.2.1　实证方法及模型的构建

现有学术界的研究方法大致可分为定性研究与定量研究两大类,两种均以观念性架构为基础,是对所研究项目进行深入探讨的科学研究方法,两种研究方法的应用需结合所研究项目的需求进行适用选择。本研究采取定性与定量相结合的研究方法,用质化研究方法对现有研究成果及客观实践进行逻辑整理与推演,再用统计分析及结构方程模型的量化方法对推演的研究假设进行实证验证。研究方法的具体应用介绍如表4.2所示。

表4.2 研究方法的比较

项目	定性研究	定量研究
研究目的	发现新的创意、思想,挖掘深层原因及动机	验证事实、关系与预测,解释与推论
基本形态	探索性	叙述性、因果性
研究问题	开放式、半结构式、非结构式	结构式、问卷
资料搜集	非结构式、开放式	结构式
资料分析	主管、内容叙述、语意说明	统计检验、叙述式分析、因果关系预测
研究技术	调查方法、个案研究、投射技术	科技的、统计的推理与主观判断

由于交易成本、资源基础、低碳技术创新能力、竞争性联盟、二元领导和企业边界效率间呈现非线性的相关关系和高维性,这种高维性易产生多重共线性,导致估算结果偏差较大。因此,使用投影寻踪法对各变量对应的评价指标进行综合评价,得出相应的计算结果,再采用强迫进入法构建作用关系模型,并进行假设检验。

我国装备制造企业低碳技术创新内部动力机制研究假设包括两个变量:中介变量与调节变量。根据相关学者对这两个变量已有的研究成果,首先进行假设检验的变量是中介变量[223,224]。若对于已建立的中介变量模型的检验结果是呈现显著的,则对该中介效应分析还要区分出是哪种类型的效应分析,即完全或者部分的效应分析。若是第一种情况,那说明自变量是完全通过中介这个变量来影响因变量的。其次进行假设检验的是调节变量,根据相关学者的研究结论[225],若中介变量受调节变量的影响,与此同时中介变量又对因变量产生了影响,那表明该调节作用是通过中介变量的作用而引起的,这就称为带有调节作用的中介变量。

4.2.2　数据收集及量表设计

4.2.2.1　数据收集与分析

装备制造企业低碳技术创新内部动力机制研究的主要调查对象为来自装备制造企业的相关人员,包括企业从业人员、装备制造业研究人员及其他相关者,组成复合维度的调查对象结构,保证调查数据全面性、客观性,避免片面单一渠道获取数据的缺陷问题。由于调查区域和资源限制,主要对航空装备制造企业、海洋工程装备制造企业、轨道交通设备制造企业领域的部分企业进行调研,通过实地发放与邮件、电话访谈相结合的方式,总计调查对象387人,回收到调查结果反馈为363份,通过问卷审查与筛选,排除掉问卷不完整、极端回答等明显与实际不相符的问卷,最终获得有效问卷样本331份,样本有效率达91.18%。

问卷设计遵循Likert七分量表原则,最终获得了有效样本,其中,员工年龄结构分布是:选取的年龄在20至30岁的员工人数是76人,年龄在31至40岁的员工人数是129人,年龄在41至50岁的员工人数是62人,年龄在51岁及以上的员工人数是44人;其中男性样本量占比为65%,女性样本量占比为35%;员工工龄结构分布是:工龄在10年(含)以下的员工人数占了总人数的比重达52%,工龄在11至20年的员工人数比重达28%,工龄在21到30年的员工人数的比重是12%,而工龄超过30年的员工人数比重仅为8%;员工学历结构分布为:员工学历在本科以下的人数占总人数比重的57%,员工学历本科人数的比重是39%,员工学历研究生及以上的人数比重仅为4%。

4.2.2.2　量表设计及变量选取

我国装备制造企业低碳技术创新内部动力机制实证研究涉及的变量为装备制造企业低碳技术创新内部动力机制影响因素、企业低碳技术创新和实证模型中的控制变量。各变量测量量表的编制思路为:结合已有成熟量表和装备制造行业现有结论性研究成果,结合装备制造企业生产实际,剔除、修复无效数据项、数据缺失项,经过预试算与问卷修订,保障量表设计合理性,形成最终的测量量表[192]。

（1）交易成本

Williamson 在研究中阐述观点为，企业资产专用性指的是场地、有形资产、人力资本、风险性资产、品牌资产五方面的专用性，而经济组织要解决的核心问题是资产的不确定性[226]。龙勇，吴海春等人对 Williamson 的研究成果进行改进，将行为的不确定性维度补充进交易成本的指标体系中，形成 15 条测量项目[227]。交易成本测量量表参照学者 Williamson 及吴海春的研究结论，用专用场地、资产专用性、专用人力资本等 6 个维度、15 个测量条目组成交易成本这一因素的测量量表。

（2）资源基础

资源基础测量量表参考借鉴 Das 等人的研究发现，由资源的价值性、稀有性、不可模仿性、组织可利用性以及资源渗透性 5 个测量条目共同构成[228]。

（3）低碳技术创新

在前述相关文献综述的基础上，结合装备制造业企业低碳技术创新的特点，并借鉴李向波、范德成的关于低碳技术创新方面的相关研究，对装备制造业企业的低碳技术创新量表结构进行设计，最终确定低碳技术创新量表由 6 个层次，16 个指标构成，包括投入能力、研发能力、制造能力、产出能力、市场推广能力及管理能力[229,230]。

（4）竞争性联盟

由于我国企业经营情况与国外企业间存在较大差别，研究对竞争性联盟的测量量表设计在国外成熟的书籍结构基础上结合我国企业实际发展水平，融合我国装备制造企业自身特征进行设计。在经过测试样本进行信度和效度分析之后，通过初始量表的修正再检验，最终确定与本研究需求相符的竞争性联盟测量量表，对竞争型联盟，选定竞争优势、机会主义威胁、联盟范围控制下的 12 个条目作为测量量表[231]。

（5）二元领导行为

借鉴徐长江和陈建勋等学者已有的研究中关于二元领导行为量表设计，以及陈永霞等学者关于变革型领导行为和交易型领导行为量表设计，将变革型领导行为分两个维度给予设计，一是领导魅力设计了 3 个条目，二是感召力设计了 4 个条目；交易型领导行为从两个维度进行设计，其中，积极的例外管理进行

2 个条目的设计,而权变奖励设计为 3 个条目[232,233]。

（6）企业边界效率

本研究参考 Oxley 和 Sampson 的研究思路,对企业合作范围的刻画综合考虑水平范围和垂直范围两个方面,并直接借鉴 Ryall 所提出的契约条款,用 13 个测量条目构成效率边界要素的测量量表[234,235]。

（7）控制变量

由于控制变量也会对个体事物的认知及行为产生影响,因此借鉴相似研究中的设计发现,其中可以看作控制变量的是性别、工龄、学历以及年龄[236-238]。

4.2.3 实证分析及量表的检验

检验量表的信度通常采用 *Cronbach's α* 系数的方法。对本研究的样本数据进行检验,结果显示各变量的 *Cronbach's α* 系数都是大于 0.7 的,这表明该量表设计的信度水平较高,是值得信赖的。

通过借鉴大量而高质量的已有研究内容,可以为该研究的内容效度提供较高水平的保证[192],见表 4.3。

表 4.3 量表信度和效度的检验结果

变量	*Cronbach's α*	分量表 *Cronbach's α*	KMO	*P*	公因素累计解释率 /%	因子载荷
交易成本	0.731	0.672～0.841	0.693	0.000	70.183	0.654～0.859
资源基础	0.797	0.762～0.801	0.745	0.000	80.182	0.755～0.871
低碳技术创新	0.781	0.741～0.832 6	0.766	0.000	77.203	0.711～0.846
竞争性联盟	0.832	0.811～0.921	0.861	0.000	82.996	0.773～0.919
二元领导行为	0.840	0.896～0.841	0.869	0.000	73.594	0.757～0.901

变量	Cronbach's a	分量表 Cronbach's a	KMO	P	公因素累计解释率/%	因子载荷
企业边界效率	0.756	0.684～0.823	0.746	0.000	68.935	0.688～0.847

投影寻踪法(Projection Pursuit,简称 PP)是一种各级将多维变量通过最佳投影方向,降为一维数据的数值优化算法。该方法对数据和样本容量没有过于烦琐的要求[250]。该方法的主要思想是:假设某一数据组因变量为 $y(i)(i=1,2,...,n)$,其对应自变量为 $\{x(i,j) i=1,2,...,n,j=1,2,...,p\}$,利用投影寻踪的相关模型,可以首先将该数据组中的所有自变量 x 进行线性投影,从而得到不同自变量对应的投影特征值 $z(i)$;在此基础上,通过构建 $y=f(z)$ 的函数关系,用以代表 $y=f(x)$ 的关系特性,从而将多元变量降维成一元变量[239-241]。选取实证方法——RAGA-PP 法与 Enter-RA 法的设计原理及操作。

RAGA-PP 法是将高维数据通过组合等方式投影到地位空间的一种方法,在进行聚类找出数据的变化特征,以得出高维数据的结构特征[239-241]。

Enter-RA 法的主要思想是利用概率值,检验标准化回归系数的影响是否显著[248]。基于各因果关系分析,构建相关模型,在此基础上形成各复回归模型,并进行回归分析和验证[192]。假设共有 p 个自变量即 $x_1, x_2, ..., x_p$ 对因变量 Y 产生影响,则可以构建多元线性回归模型:$Y=\beta_0+\beta_1 x_1+\beta_2 x_2+...+\beta_p x_p+\varepsilon$,$\varepsilon \sim N(0, \sigma^2)$,并对已提出的假设关系进行验证。根据投影寻踪和建模分析方法,得出相应各变量的最佳投影方向,并通过计算得出其相应的综合评价数值,最终确定各评价指标相关系数和最优投影方向,如表 4.4 和表 4.5 所示。

表 4.4　各变量相关系数关系

变量	1	2	3	4	5	6	7	8	9	10
年龄	–									
性别	0.03	–								
工龄	0.10*	0.08	–							

续表

变量	1	2	3	4	5	6	7	8	9	10
学历	0.07	−0.06	−0.04	−						
交易成本	0.14	−0.04	0.06	0.12**	−					
资源基础	0.07	0.03	0.10	0.05	0.42***	−				
低碳技术创新	0.06	0.12	−0.05	0.33***	0.15***	0.16***	−			
竞争性联盟	0.06	−0.05	0.08	0.37	0.54***	0.56***	0.41**	−		
二元领导行为	0.05	−0.02	0.14	−0.03	0.12**	0.25**	0.28**	0.21*	−	
企业边界效率	0.05	−0.03	0.19	−0.06	0.24**	0.44***	0.33***	0.32***	0.20*	−
均值	36.37	0.86	16.17	0.42	4.46	4.47	4.19	4.15	4.84	5.1
标准差	1.94	0.48	0.47	0.75	0.79	0.84	0.75	0.99	0.77	1.01

注: − 表示 p 的值小于 0.1; * 表示 p 的值小于 0.05; ** 表示 p 的值小于 0.01; *** 表示 p 的值小于 0.001。

表4.5 最优投影方向结果

变量	投影方向
交易成本	(0.43, 0.41, 0.42, 0.44, 0.38, 0.17, 0.21, 0.30, 0.23, 0.32, 0.26, 0.30, 0.27, 0.21, 0.33)
资源基础	(0.37, 0.36, 0.39, 0.35, 0.33)
低碳技术创新	(0.12, 0.21, 0.17, 0.15, 0.14, 0.23, 0.19, 0.20, 0.31, 0.35, 0.26, 0.30, 0.27, 0.21, 0.33,)
竞争性联盟	(0.13, 0.14, 0.16, 0.16, 0.22, 0.18)
二元领导行为	(0.34, 0.22, 0.38, 0.37, 0.35, 0.25, 0.31, 0.26, 0.23, 0.31, 0.20, 0.47)
企业边界效率	(0.25, 0.22, 0.18, 0.26, 0.29, 0.33, 0.27, 0.25, 0.24, 0.27, 0.31, 0.34, 0.21)

4.3 实证结果及讨论

4.3.1 实证分析结果

运用 SPSS 软件进行中介变量的回归分析。通过中介变量检验结果,发现各回归模型具有显著性。

由各模型的 p 值 <0.05,说明各回归模型都通过了显著性检验,模型是有效的。模型的误差项都通过了检验,说明自相关现象在各模型中是不存在的,见表 4.6。

表 4.6 中介变量回归结果

变量	低碳技术创新 1	边界效率 1	边界效率 2	低碳技术创新 2	边界效率 3	边界效率 4
年龄	0.006	0.012	0.012	0.004	0.007	0.007
性别	0.031	0.035**	0.045**	0.029	−0.011	0.023**
工作年限	−0.007	0.014	0.011	0.005	0.009	0.007
教育程度	0.012	0.007	0.009	0.009	0.015*	0.009
交易成本	0.206**	0.332***	0.386***			
资源基础				0.230***	0.341***	0.377***
低碳创新行为			0.371***			0.301***
R^2	0.203	0.257	0.311	0.225	0.247	0.281

注: * 表示 p 的值小于 0.05; ** 表示 p 的值小于 0.01; *** 表示 p 的值小于 0.001。

对于带有中介变量的调节效应的验证,可以运用 SPSS 软件回归分析来实现根据模型验证的结果显示,可知各个回归模型的检验值均达到了显著水平,这也表明模型的多重共线性不大。具体分析结果见表 4.7 和表 4.8。

表 4.7 调节模型的验证结果 1

项目		Model 边界效率	Model 边界效率	Model 边界效率	Model 边界效率
控制变量	年龄	0.001	0.008	0.01	0.007
	性别	0.023	−thick	0.023	0.029
	工作年限	−0.008	0.011	0.013	0.011
	教育程度	0.004 6	0.008	0.013	0.013
自变量	交易成本	0.361***	0.266***		
	资源基础			0.063**	0.049***
调节变量	竞争性联盟	0.086	0.074	0.116*	0.339***
交互变量	竞争性联盟 × 交易成本		0.146**		
	竞争性联盟 × 资源基础				0.192**
R^2		0.287	0.236	0.201	0.319

注:* 表示 p 的值小于 0.05;** 表示 p 的值小于 0.01;*** 表示 p 的值小于 0.001。

表 4.8 调节模型的验证结果 2

项目		Model 边界效率	Model 边界效率	Model 边界效率	Model 边界效率
控制变量	年龄	0.005	0.010	0.06	0.008
	性别	0.018	−0.026	0.021	0.019
	工作年限	0.005	0.008	−0.017	0.013
	教育程度	0.007	0.005	0.013	0.011
自变量	交易成本	0.216**	0.282***		
	资源基础			0.153*	0.327***
交互变量	二元领导行为 × 交易成本		0.152**		
	二元领导行为 × 资源基础				0.241**

续表

项目	Model 边界效率	Model 边界效率	Model 边界效率	Model 边界效率
R^2	0.326	0.310	0.209	0.257

注:* 表示 p 的值小于 0.05;** 表示 p 的值小于 0.01;*** 表示 p 的值小于 0.001。

4.3.2 实证结果讨论

4.3.2.1 中介效应实证结果讨论

在以低碳技术创新作为中介变量的交易成本对企业效率边界的作用模型中,交易成本对企业效率边界有显著正向影响($\beta=0.371, p<0.001$),同时,交易成本对低碳技术创新有显著正向影响($\beta=0.207, p<0.01$);加入低碳技术创新变量后,交易成本的显著正向影响增强($\beta=0.386, p<0.001$);低碳技术创新是交易成本与企业效率边界的完全中介变量。在以低碳技术创新作为中介变量的资源基础对企业效率边界的作用模型中,资源基础对企业效率边界有显著正向影响($\beta=0.301, p<0.001$),同时,交易资源基础对低碳技术创新有显著正向影响($\beta=0.230, p<0.01$);加入低碳技术创新变量后,资源基础的显著正向影响增强($\beta=0.377, p<0.001$),低碳技术创新是资源基础与企业效率边界的部分中介变量。

综上所述,交易成本、资源基础对装备制造企业低碳技术创新有目标导向作用,交易成本、资源基础通过低碳技术创新对装备制造企业效率边界起到正向调节作用,企业效率边界能够对低碳技术创新的实践效果进行检验。

4.3.2.2 调节效应实证结果讨论

对上述各回归模型进行比较可知,回归模型通过调节效应、主效应及交互项处理后,回归模型呈现出更为显著的拟合优度[192]。

在竞争性联盟为调节变量、低碳创新技术为中介变量的装备制造企业低碳技术创新内部动力机制模型中,交互项竞争性联盟交易 x 成本和竞争性联盟 x 资源基础的回归系数分别为 0.146($p<0.05$)和 0.192($p<0.05$)。竞争性联盟在交易成本、资源基础与企业效率边界间,会通过低碳技术创新发挥显著的正向调节作用。

在二元领导行为为调节变量、低碳创新技术为中介变量的装备制造企业低碳技术创新内部动力机制模型中,交互项二元领导行为 x 交易成本和二元领导行为乘以资源基础的回归系数分别为 0.146 ($p<0.05$)和 0.192 ($p<0.05$)。二元领导行为在交易成本、资源基础与企业效率边界间,会通过低碳技术创新将这种具有正向关系的调节作用充分发挥出来。

由以上研究可知,竞争性联盟、二元领导行为通过低碳技术创新正向调节交易成本、资源基础与企业效率边界间的作用关系,即竞争性联盟、二元领导行为对低碳技术创新的实践效果起到正向调节作用。

4.4　我国装备制造企业低碳技术创新内部动力机制影响因素作用规律揭示

4.4.1　装备制造企业低碳技术创新内部动力机制影响因素的作用路径

我国装备制造企业低碳技术创新内部动力机制与交易成本、资源基础、竞争性联盟及二元领导行为四个因素存在关联,并能够通过企业效率边界因素进行表征。通过各因素与低碳技术创新的关系分析,提出理论假设。通过实证分析可知,各模型均通过假设检验,具体结果见表 4.9。

表 4.9　内部动力机制各因素间的作用关系

影响因素之间	关系	作用路径
交易成本与效率边界	正相关	交易成本→效率边界
交易成本与低碳技术创新	正相关	交易成本→低碳技术创新
资源基础与效率边界	正相关	资源基础→效率边界
资源基础与低碳技术创新	正相关	资源基础→低碳技术创新
低碳技术创新与效率边界	正相关	低碳技术创新→效率边界
低碳技术创新、交易成本与效率边界	完全中介	低碳技术创新→交易成本→效率边界
竞争性联盟、交易成本与效率边界	正调节	竞争性联盟→交易成本企业→效率边界
二元领导行为、交易成本与效率边界	正调节	二元领导行为→交易成本→效率边界

续表

影响因素之间	关系	作用路径
低碳技术创新、资源基础与效率边界	完全中介	低碳技术创新→资源基础→效率边界
竞争性联盟、资源基础与效率边界	正调节	竞争性联盟→资源基础→效率边界
二元领导行为、资源基础与效率边界	正调节	二元领导行为→资源基础→效率边界

确定交易成本与资源基础对低碳技术创新起到目标导向作用,为低碳技术创新的触发因素,低碳技术创新为交易成本、资源基础与企业效率边界的中介变量,企业效率边界可作为交易成本、资源基础对低碳技术创新行为引导的实现目标,亦即效果检验变量,竞争性联盟及二元领导行为是交易成本、资源基础与企业效率边界间作用模型的调节变量,亦能够调节我国装备制造企业低碳技术创新的实践效果。

4.4.2 装备制造企业低碳技术创新内部动力机制影响因素的作用关系

基于对装备制造企业低碳技术创新内部动力机制的定义的分析,装备制造企业低碳技术创新内部动力机制主要是从内部的角度来反映装备制造企业低碳技术创新动力机制的静态结构问题,其主要内容是研究装备制造企业低碳技术创新内部动力机制影响因素和各个影响因素间的作用关系。

基于前述对装备制造企业低碳技术创新内部动力机制影响因素识别和内部动力机制的实证研究,明确了装备制造企业低碳技术创新内部动力机制影响因素为交易成本、资源基础、竞争性联盟、二元领导行为和企业效率边界,如图4.2所示。

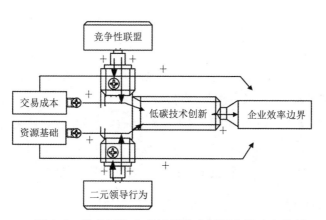

图 4.2　装备制造企业低碳技术创新内部动力机制

　　对装备制造企业来说,利润与成本、政府规制与市场机制、现实价值与可持续发展这三对主要矛盾,是领导者必须考虑的问题。在企业内部,要保障低碳技术创新的动力,并且促进企业效率边界,可以考虑两条途径,即竞争性联盟影响路径和二元领导行为影响路径。

　　竞争性联盟影响路径是装备制造企业管理层对企业发展战略的决策。装备制造企业的发展是在市场经济的大环境下进行的,因此装备制造企业在激烈的市场竞争中,要面对提升在市场当中的竞争力、提高在市场当中所处的地位,以及跟随政府低碳技术创新政策导向等问题。因此,单纯依靠装备制造企业内部技术投入研发、引进产业链上其他装备制企业的先进技术是不够的,这种方式无法真正实现装备制造行业整体的低碳技术突破。从长远角度看,要快速实现整个装备制造行业的低碳技术突破,加速我国制造业转型与工业经济发展,就要放弃孤立性发展与封闭式经营,将各装备制造企业的先进技术与经验进行资源整合,集合整个行业的优势力量进行低碳技术创新,这一战略思路,打破了市场同行业的竞争网络。以行业整体技术创新为纽带进行的竞争性联盟,无论对单个装备制造企业的低碳技术创新成本的降低、内部资源力量优化利用,还是对整体行业低碳技术创新能力的提高,其作用都更加明显。因此,这是提高装备制造企业低碳技术创新的一条重要途径。

　　二元领导行为影响路径是通过装备制造企业内的领导者自身行为影响整个装备制造企业低碳技术创新的作用路径。根据二元领导行为包含的交易型领导和变革型领导两层含义,在我国装备制造企业实际运营过程中,固有的成熟技术需要与不断发展的市场需求与国家经济发展政策导向保持一致,装备制造企业肩负着承担国家核心竞争力、核心技术与经济增长的重任,领导者需要积极响应国家政策号召,以生态环境可持续发展为己任,不但要激励技术人员进行低碳技术创新,还要兼顾低碳发展战略,综合变革型领导和交易型领导的二元领导行为可以在企业效率边界的实现过程中起调节作用。因此,通过二元领导行为的调节作用影响低碳技术创新行为也是一条重要途径。

4.5　本章小结

基于目标导向理论、交易费用理论、资源基础等理论及现阶段研究成果的理论基础,构建包括交易成本、资源基础、低碳技术创新、竞争性联盟、二元领导行为及企业效率边界的我国装备制造企业低碳技术创新内部动力机制的理论研究框架并提出相应的理论假设,通过投影寻踪法、层次回归分析、带有中介变量的调节模型检验方法等进行实证验证。经实证结果讨论与揭示,发现交易成本与企业低碳技术创新、交易成本与企业效率边界、资源基础与企业低碳技术创新、资源基础与企业效率边界间均存在正相关关系:交易成本对低碳技术创新有积极作用;资源基础对低碳技术创新有积极作用;交易成本与资源基础因素对低碳技术创新的效果具有强化引导作用;竞争性联盟与二元领导行为可以显著正向调节交易成本与资源基础对低碳技术创新的引导效果。

第 5 章
装备制造企业低碳技术
创新外部动力机制研究

碳税政策、碳排放政策及税收优惠政策等政府政策、市场机制、科技水平等外部环境对装备制造企业低碳技术创新行为具有重大影响,探讨这些相对企业而言的外部环境作用于企业低碳技术创新活动及相互间的作用机制,剖析其机理具有必要性。研究在装备制造企业低碳技术创新外部动力机制影响因素识别的基础上,从作用机理分析着手,运用演化经济、演化博弈理论方法,对装备制造企业低碳技术创新外部动力机制进行研究。

5.1 低碳技术创新外部动力作用分析

5.1.1 低碳技术创新外部动力作用机理分析

根据前文对装备制造企业低碳技术创新动力机制理论基础的分析,装备制造企业低碳技术创新外部动力机制涉及所处环境条件,这决定了装备制造企业低碳技术创新会由于环境条件的不足或变化,出现创新行为的不确定性,装备制造企业低碳技术创新外部动力的不确定性集中表现为市场的不确定性、制度的不确定性、技术的不确定性等。

低碳经济是以低能耗、低污染、低排放为基础的经济模式,从制度经济学角度来看,它实际上是一种新的制度安排,也是新的经济发展模式。演化经济理论把制度和市场看作选择环节,把企业自身的文化、创新精神、能力等当作遗传机制,市场、制度本身就是演化的过程,市场竞争不仅具有资源配置的作用,还是优胜劣汰的选择机制,技术的演进过程就可看作是竞争的市场选择。低碳技术创新作为技术的一种,同样遵循着技术创新演进的过程。

装备制造企业低碳技术创新过程就是企业根据内部、外部环境和条件,为适应内外部环境变化而进行不断演化的复杂过程。装备制造企业低碳技术创新外部动力因素源于企业外部,也构成了装备制造企业的外部环境。而外部环境是企业低碳技术创新不可控制及不可超越的因素和力量。作为外部环境的主要构成因素,市场、政府和科技力量,对装备制造企业低碳技术创新动力产生了重要影响。

经济发展和市场需求对装备制造企业低碳技术创新产生拉力作用。低碳技术创新是推动经济发展的重要条件和手段,同时经济发展的需求是技术创新的前提和动力,只有市场经济上的需求才能获得持久的技术创新。市场向装备制造企业提出了低碳技术创新的需求,并通过市场竞争与科学技术快速的变革发展一同推动装备制造企业低碳技术创新。

政府要对装备制造企业低碳技术创新进行规制,提供政策支持或建立相应的补偿机制。由于政府对低碳技术创新采取的刺激和扶持方式不同,以及组织管理措施不同,甚至实施不同发展战略的国家会采取不同低碳技术政策,这些都会成为影响装备制造企业低碳技术创新方向和速度的重要因素。

当代科学技术的发展规律是,技术对科学依存性不断增强,科学领域的重大突破或新科学原理的出现,必将为新技术的产生提供依据及发生促进作用,科学转化为技术,转化为直接生产力的周期会越来越短,科学技术自生产规律作用可以推动技术进步。

装备制造企业在内部动力机制影响因素的作用下,有能力进行创新,还要具备创新的条件,当装备制造企业置于需要创新的环境中,就需要低碳技术创新的外部动力机制发挥作用。因此,需要对装备制造企业低碳技术创新的外部动力机制进行探索,通过政府相关环境规制、市场需求驱动力、科学技术推动力及市场竞争压力四个外部动力机制影响因素出发,对其规律进行揭示,装备制造企业低碳技术创新外部动力机制理论框架,如图5.1所示。

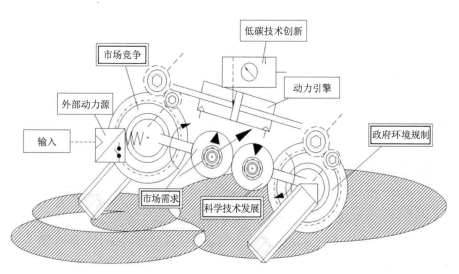

图 5.1　装备制造企业低碳技术创新外部动力机制理论框架

5.1.2.1　政府环境规制的作用

政府行为是装备制造企业低碳技术创新外部动力机制的重要影响因素之一。我国已经彻底完成从计划经济到市场经济的转型,这就意味着政府行为对经济发展的作用发生了本质的改变。在以前计划经济时期,政府行为表现为多种多样的形态且对市场的作用更为直接和明显,这种直接的作用方式在特定的历史时期内有其不可否认的优势,也体现了当时政府集中力量办大事的思想和决心。但是,目前我国已经完全进入市场经济,市场成为经济发展的主导,政府行为逐渐退出已是大势所趋。但是,作为社会主义国家,政府行为对市场经济应当进行合理且适度的调控。在市场经济中,政府行为主要是通过行政手段和经济手段来进行调控,引导企业行为活动。政府行为主要分为具有扶持性质的规制行为和具有引导性质的规制行为,具体到针对装备制造企业低碳技术创新领域,政府行为主要表现为政府推行的各种环境规制措施,如投入补贴是一种扶持性质的政府行为,其目的在于通过补贴的形式提供资金支持给低碳技术创新企业,进而激发企业创新的动力和积极性。碳排放交易制度、碳税属于带有引导性的政府行为,其目的在于在市场经济环境下,通过政府的引导性政策措施,引导或规制装备制造企业进行或者不进行某些行为,这些环境规制措施是政府行为在控制企业节能减排,推动低碳经济发展方面的具体体现。政府的环境规制措施对装备制造企业低碳技术创新起着非常重要的驱动作用,它就像一只无形的手,适时地进行调控,当市场机制失灵时,政府环境规制措施的优势就显现出来,因此在市场经济的大环境下,结合必要且合理的政府环境规制措施,对装备制造企业低碳技术创新的健康发展具有重大意义。正如波特所指出的环境管制虽然短期内增加了企业成本,但它在长期作用上会提升企业竞争力,并推动企业技术创新[242]。实施低碳技术创新需要投入较大的成本,在政策扶植层面,政府通过优惠政策等措施来降低企业因进行低碳技术创新而产生的成本与收益差,推动装备制造企业实施低碳技术创新的步伐[243]。我国政府针对碳排放的环境规制措施中,主要包括碳排放交易制度、投入补贴、碳税政策等方式,这些环境规制措施的合理使用将为装备制造企业低碳技术创新提供一个较为公平和稳定的竞争环境。

碳排放权交易在《京都议定书》中被定义为温室气体排放权的交易制度,由于二氧化碳占据绝大部分比例,所以简称为"碳交易"[244,245]。在我国碳排放权交易制度下企业可获得一定的碳排放配额,企业之间可以进行碳排放配额和国家核证自愿减排量的交易[254]。此时,装备制造企业实施低碳技术创新能够减少企业的碳排放量,可将碳排放配额在交易所自由买卖,获得更多收益。相反,装备制造企业不实施低碳技术创新,若碳排量超过了企业的配额,则需在交易所购买更多的配额,造成企业收益的减少。因此为了达到碳排放配额标准及获得更多的碳排放交易收益,随着碳交易市场的全面建设,装备制造企业会更愿意实施低碳技术创新。

目前,国家发展和改革委员会与财政部对符合清洁发展机制的项目以基金赠款的方式予以投入补贴,减少企业实施低碳技术创新的投入成本[246],这样的激励措施能够提高装备制造企业实施低碳技术创新的积极性。此外,在碳税制度下,装备制造企业排放的二氧化碳需缴纳相关税费,这样的激励和约束制度将促使装备制造企业尽快实施低碳技术创新,有意识地减少碳排放。综上可知,一定的政府环境规制会促使装备制造企业实施低碳技术创新。

5.1.2.2 市场竞争压力的作用

低碳技术创新成果的最终价值是通过市场实现的,市场作用机制的强度在于市场需求量和市场竞争强度两方面,对低碳技术创新有显著的驱动作用[247-250]。

各国积极研发低碳节能技术,低碳领域的竞争日益激烈。在激烈的市场竞争中,装备制造企业面临巨大的危机感和紧迫感,在决定是否进行低碳技术创新时,不能仅将企业生产成本等内部因素作为考量指标,还应横向考虑同类型企业间的交互影响作用。

在市场竞争环境下,同类型企业间标杆企业的示范作用明显。当标杆企业通过低碳技术创新发展模式获得较高利润后,其正面导向作用会以标杆企业为基点离散到其他企业。网状互联影响表现为,同类型企业以竞争关系为纽带构成行业网络,作为网络基点的每个单位企业的决策选择会扰动周边基点企业甚至整个网络。当某一企业通过低碳技术创新获得更为明显的竞争地位后,其他企业会敏感地感知到网络的震荡,从而采取积极的应对措施,实施低碳技术创新,增强企业低碳技术创新研发水平和效率,生产满足市场需求的低碳技术产品和服务,扩大市场份额,提升竞争优势,才能获得更多的利润,并进一步加大低碳技术投入,不断提升低碳技术创新能力。因此,企业会主动选择低碳技术创新以避免处于竞争劣势地位[246]。

5.1.2.3　市场需求拉力的作用

市场经济通过市场的资源配置来发挥其基础性作用,会自发地产生需求。我国拥有巨大的碳减排、碳交易市场需求,具有可观的发展空间和利润空间驱使装备制造企业进行低碳生产,进而占领或扩大其市场份额。装备制造企业具有高技术特性,决定它的低碳技术创新以市场需求为重要前提。

低碳市场需求表现为消费者对低碳产品的偏好,低碳经济的发展会导致碳足迹在市场中备受重视,低碳产品拥有良好的社会形象,相比传统设备产品,设备消费者会更倾向于购买低碳型产品,低碳设备产品市场需求量增加,则传统设备产品需求量会降低,因此进行低碳技术创新的装备制造企业将会挤占更大的市场空间并获得更多经济收益,也会产生强大的需求驱动力。采用传统技术的企业为了在市场竞争中获取竞争优势也必将会选择低碳技术创新以与之抗衡[246],主动生产低碳产品,如图 5.2 所示。因此,在装备制造企业低碳技术创新的外部动力中,市场需求驱动力是最根本的拉动力,它通过市场需求的作用来推动企业实施创新行为。

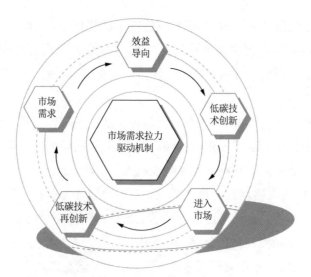

图 5.2　低碳技术创新的市场需求拉力驱动机制

5.1.2.4　科学技术发展推力的作用

低碳技术创新是基于新的理论和科学原理之上的一种创新活动，先进的科学条件和科技水平支撑是提升低碳技术创新的动力。科学技术水平对装备制造企业低碳技术创新具有带动作用，如图 5.3 所示。

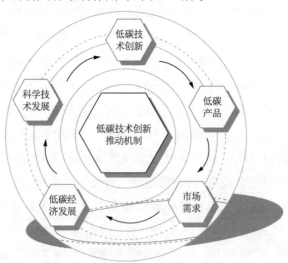

图 5.3　低碳技术创新的科学技术推动机制

科学技术具有发展性、应用性和经济性,它就是在不断突破旧技术体系、不断变革的过程中,推动新技术的产生,进而形成新一轮发展周期,并逐渐进入技术应用阶段,实现商业化应用,这就会产生一定的经济效应,并激发企业通过商业应用而获得超额利润,从而推动低碳技术创新的发展。科学技术推动低碳技术创新的机制效应主要在于科技发展水平和进展程度。科技进展越大,越能推动技术创新以推进式发展;科技进展越小,就会推动技术创新以渐进方式发展。因此,科学技术推动力是企业低碳技术创新的重要动力机制因素。

5.1.2 低碳技术创新外部驱动作用的演进规律

低碳技术创新是适应低碳经济社会发展目标,装备制造企业要想在市场竞争中立于不败之地,就必须实施低碳技术创新。装备制造企业低碳技术创新动力机制看作是一个复杂系统,各要素之间的作用关系并不是静态、线性的状态,而是呈现动态的、非线性的演化过程。各要素之间彼此交互作用,共同作用于装备制造企业低碳技术创新活动。

市场需求和市场竞争间存在着相互的作用机制。随着低碳产品和服务的市场需求日渐增大,更多装备制造企业加入低碳技术创新的大潮中,促使低碳市场结构发生变化,进一步加大低碳技术创新市场的竞争压力。相反,市场需求减弱,市场竞争力也会减小。市场竞争会促使装备制造企业间不断研发多样化的需求产品,提高企业市场份额,推动市场需求的演化。装备制造企业只有不断进行低碳技术创新,才能在市场竞争中取得独特优势,这种创新的态势必然推动整个市场的低碳技术发展水平的提高。由于市场作用机制本身存在失灵的现象,阻碍低碳技术创新的发展。

正是由于市场失灵的存在以及低碳技术创新发展的内在需求,因此需要政府的干预和支持,并通过制定相关政策刺激市场需求,改变市场竞争压力,从而调动装备制造企业创新的积极性,推动低碳技术发展。一方面采取鼓励政策,如财政资金支持、税收减免等措施,鼓励低碳技术研发和创新,大力生产低碳产品;另一方面采取相关规范政策,规范低碳技术市场,为低碳产业技术创新的快速发展创造良好的创新环境。

在装备制造企业低碳技术创新的动力机制中,科学技术发展起着基础性的动力作用,当技术发展到一定程度时,就会推动企业利用创新成果进行创新活动。科学技术发展会产生新的市场需求,进而推动装备制造企业进行低碳技术创新活动,取得竞争优势。而低碳技术产品或服务的市场需求的实现往往是以科学技术的发展为依托。装备制造企业低碳技术创新动力机制实际上是一个循环性的系统,通过市场、科学技术、政府的持续性的作用机制,推动低碳技术不断创新。装备制造企业低碳技术创新外部动力机制如图5.4所示。

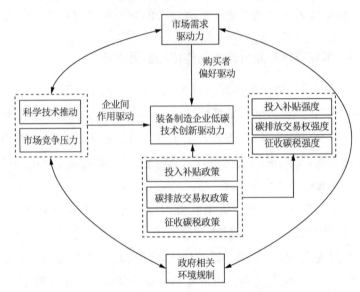

图5.4 装备制造企业低碳技术创新外部动力机制

5.2 装备制造企业低碳技术创新动力机制演化博弈分析

5.2.1 演化博弈模型基本假设与模型构建

5.2.1.1 演化博弈分析方法

演化理论的思想源于达尔文生物进化论中的进化思想,并不断应用于社会经济各领域中,演化经济学也应运而生[251]。演化经济学以动态演化的方法分析经济现象和行为演化的规律,认为经济发展机制是由创新机制和选择机制推动的。创新是经济发展的基本动力,系统通过不断创新而产生多样化,创新机制会促使这些多样化成为系统后续演化中的强劲动力。而选择机制则强调的是通过在多样化中筛选出最适合机制的过程,通过选择机制的作用,个人和组织的行为方式会随着新惯例的扩散而发生改变,进而整个系统发生了演化。演化理论研究的目的就是为了说明演化的动态过程、原因及演化的方式。

演化博弈论以假设行为主体是有限理性的为基础,即博弈方不能获得自己及其他博弈方的全部信息或策略,但具有可以取得行为博弈方信息及正确调整行为的能力,从而能够更好地解释博弈的动态过程。非对称博弈的 ESS 策略强调对演化压力的稳健性。在某一群体中,任何部分群体企图采用可选择的策略所获得的收益,并不比已经采用固有策略的那些群体的收益更好[252]。Taylor 和 Jonker 提出复制动力学公式,是选择过程的显性模型,反映了在种群博弈中如何分配有联系的不同策略随时间而演化的过程[253]。技术变迁可以看作演化博弈过程,组织是技术变迁的载体,也是技术创新的主体[254]。组织间演化博弈的过程推动技术变迁,可以说技术变迁是受外部环境和内部环境共同作用的结果。组织系统的技术演化过程中,存在引入新东西的机制,即技术创新机制,而这种技术创新机制就像生物演化一样,在演化过程中具有遗传和复制的功能。

综上可知,可以运用演化经济学、演化博弈论的思路、理论和方法研究装备制造企业低碳技术创新动力机制,而该技术创新的演化过程就是以动态、演化的思想分析低碳技术创新的演进过程。

5.2.1.2　演化博弈模型基本假设

装备制造业属于我国战略性新兴产业之一,其生产加工一方面影响着我国经济、国防等综合实力,另一方面也影响着购买厂商的生产、研发效率。在世界大力推进可持续化发展的时代,装备制造企业的低碳技术创新、升级、转型成为衡量企业乃至国家低碳意识的重要因素之一。

根据研究需要提出如下理论假设[246]。

假设 H1:在不考虑其他因素的"自然"状态下,将装备制造企业技术创新看作一个系统,且存在两个群体 1 与 2,假设都为有限理性的。在市场竞争作用下,两群体间企业不断进行决策博弈,且均有两种选择策略,即为低碳技术创新和传统技术,因此,系统形成的策略集为{低碳技术创新,传统技术}。双方从自身利益出发选择最有利的策略,并在演化过程中反复学习、试错、决策,直到最终达到均衡状态。如果在某一轮博弈中,实行低碳技术创新的装备制造企业发现其收益低于传统技术企业的收益,那么会在下一轮博弈时,选择传统技术策略;同理,如果传统技术企业发现其收益低于低碳技术创新企业的收益,同样会在下一轮博弈中选择低碳技术创新策略。

假设 H2:设政府规定企业最高碳排放标准为 $\overline{W_j}(i=1,2)$,碳税税率、碳排放交易单位价格、投入补贴系数分别为 σ、ε、μ;随着低碳经济的发展,装备制造企业的客户(一般是设备购买商)对自身生产运营的要求会越来越倾向于选择低碳技术产品,因此,设 λ 为装备制造产品购买商的低碳偏好程度。

假设 H3:设企业选择低碳技术创新投入的总成本为 $C_i(i=1,2)$,且 $C_i>0$,此外,当系统内企业都选择低碳技术创新时,技术协同效应就会应运而生,如解决共性技术难题等。同时,科学技术发展水平越先进及技术转移、扩散及引进越便利,相比于企业独立进行低碳技术创新时,技术投入成本越小,也就是 $0<C_i<C_i'$。政府对进行低碳技术创新企业的补贴额度为 μC_i。

假设 H4:设企业选择低碳技术创新时的收益为 $P_i'(i=1,2)$,且 $P_i'>0$,碳排放量为 W_i';选择传统技术时的收益为 P_i,且 $P_i>0$,碳排放量为 W_i。若购买者具有低碳消费偏好,当一方企业选择低碳技术创新而另一方选择传统技术时,设企业收益变化为 $\overline{P_i}$。

假设 H5:博弈初始时,设群体 1 中装备制造企业选择低碳技术创新的比例为 X,则选择传统技术的比例为 $(1-X)$;群体 2 中装备制造企业选择低碳技术创新的比例为 Y,则选择传统技术的比例为 $(1-Y)$。X、Y 的取值区间均为 $[0,1]$,分别是关于时间 t 的函数。

5.2.1.3 装备制造企业低碳技术创新动力演化博弈模型构建

在研究假设基础上,基于市场竞争机制作用,在政府环境规制推力、市场需求拉力、科学技术发展推力的四个动力机制要素的作用下,构建了装备制造企业间的低碳技术创新动力机制的博弈支付矩阵,见表 5.1。

表 5.1　装备制造企业间的博弈支付矩阵

		传统技术	传统技术
装备制造企业	低碳技术	$P_1'+\mu C_1+\varepsilon(\overline{W}-W_1')$ $-\sigma W_1'-C_1$ $P_2'+\mu C_2+\varepsilon(\overline{W}-W_2')$ $-\sigma W_2'-C_2$	$P_1'+\mu C_1+\varepsilon(\overline{W}-W_1')$ $+\lambda\overline{P_1}-\sigma W_1'-C_1'$ $P_2-\varepsilon(W_2'-\overline{W})$ $-\sigma W_2-\lambda\overline{P_2}$
	传统技术	$P_1-\varepsilon(W_1-\overline{W})-\sigma W_1-\lambda\overline{P_1}$ $P_2'+\mu C_2+\varepsilon(\overline{W}-W_2')$ $+\lambda\overline{P_2}-\sigma W_2'-C_2'$	$P_1-\varepsilon(W_1-\overline{W})-\sigma W_1$ $P_2-\varepsilon(W_2-\overline{W})-\sigma W_2$

5.2.2　模型演化稳定策略求解分析

5.2.2.1　模型求解分析

根据演化博弈理论,可以得到以下内容。

装备制造企业 1 选择低碳技术创新的收益为

$$E_1'=Y[P_1'+\mu C_1+\varepsilon(\overline{W}-W_1')-\sigma W_1'-C_1]+(1-Y)[P_1' \\ +\mu C_1+\varepsilon(\overline{W}-W_1')+\lambda P_1-\sigma W_1'-C_1'] \tag{5-1}$$

装备制造企业 1 选择传统技术策略的收益为

$$E_1=Y[P_1-\varepsilon(W_1-\overline{W})-\sigma W_1-\lambda\overline{P_1} \\ +(1-Y)[P_1-\varepsilon(W_1-\overline{W})-\sigma W_1] \tag{5-2}$$

则装备制造企业 1 的平均收益为

$$\overline{E_1}=XE_1'+(1-X)E_1 \tag{5-3}$$

装备制造企业 2 选择低碳技术创新策略的收益为

$$E_2'=X[P_2'+\mu C_2+\varepsilon(\overline{W}-W_2')-\sigma W_2'-C_2]+(1-X)[P_2' \\ +\mu C_2+\varepsilon(\overline{W}-W_2')+\lambda P_2-\sigma W_2'-C_2'] \tag{5-4}$$

装备制造企业 2 选择传统技术策略的收益为

$$E_2=X[P_2-\varepsilon(W_2-\overline{W})-\sigma W_2-\lambda\overline{P_1} \\ +(1-X)[P_2-\varepsilon(W_2-\overline{W})-\sigma W_2] \tag{5-5}$$

则装备制造企业 2 的平均收益为

$$\overline{E_2}=YE_2'+(1-Y)E_2 \tag{5-6}$$

由此,系统演化博弈可以用复制动态方程组进行表示,即

$$\begin{cases} dX/dt=X(1-X)(E_1^{'}-E_1) \\ dY/dt=Y(1-Y)(E_2^{'}-E_2) \end{cases}$$

$$(5-7)$$

用雅克比矩阵来分析演化博弈的渐进稳定性,计算得出的雅克比矩阵为

$$J=\begin{bmatrix} (1-2X)[(\sigma+\varepsilon)(W_1-W_1^{'})+\mu C_1 & X(X-1)C_1 \\ +\lambda \overline{P_1}+(P_1^{'}-P_1)-Y(C_1-C_1^{'})-C_1^{'}] & \\ Y(Y-1)C_2 & (1-2Y)[(\sigma+\varepsilon)(W_2-W_2^{'})+\mu C_2 \\ & +\lambda \overline{P_2}+(P_2^{'}-P_2)-X(C_2-C_2^{'})-C_2^{'}] \end{bmatrix}$$

$$(5-8)$$

J 的行列式和迹分别为

$$DetJ=\{(1-2X)[(\sigma+\varepsilon)(W_1-W_1^{'})+\mu C_1+\lambda \overline{P_1}+(P_1^{'}-P_1)-Y(C_1-C_1^{'})-C_1^{'}]\}$$
$$\{(1-2Y)[(\sigma+\varepsilon)(W_2-W_2^{'})+\mu C_2+\lambda \overline{P_2}+(P_2^{'}-P_2)-X(C_2-C_2^{'})-C_2^{'}]$$
$$-XY(1-X)(1-Y)C_1C_2$$

$$(5-9)$$

$$TrJ=\{(1-2X)[(\sigma+\varepsilon)(W_1-W_1^{'})+\mu C_1+\lambda \overline{P_1}+(P_1^{'}-P_1)-Y(C_1-C_1^{'})-C_1^{'}]\}$$
$$+\{(1-2Y)[(\sigma+\varepsilon)(W_2-W_2^{'})+\mu C_2+\lambda \overline{P_2}+(P_2^{'}-P_2)-X(C_2-C_2^{'})-C_2^{'}]$$

$$(5-10)$$

令 $U_i=(\sigma+\varepsilon)(W_i-W_i^{'})+\mu C_i+\lambda \overline{P_i}+(P_i^{'}-P_i)-C_i^{'}$,根据假设可知, $P_i^{'}-P_i \geqslant 0$, $\mu C_i \geqslant 0$, $\lambda \overline{P_i} \geqslant 0$, $(\sigma+\varepsilon)(W_i-W_i^{'}) \geqslant 0$,但由于无法判断 $C_i^{'}$ 与其他变量的大小, U_i 值的正负也就无法判断, U_i 可以理解为装备制造企业进行低碳技术创新与不进行创新之间的收益差。当 σ、ε、μ 取值为 0 时,即政府不实施环境规制, $U_i=P_i^{'}-P_i$,表示装备制造企业选择低碳技术创新和传统技术在市场机制作用下的收益差值。当 σ、ε、μ 取值不为 0 时,表示装备制造企业的收益包含了市场竞争中的收益差、政府环境规制的净收益,即政府实施的投入补贴、碳税以及碳交易制度下的收益差额[246]。

5.2.2.2 模型稳定性分析

根据雅克比矩阵局部稳定分析法,对装备制造企业低碳技术创新动力机制系统演化博弈进行稳定分析,可以得出在不同的条件下,装备制造企业低碳技

术创新动力机制演化系统的稳定性均衡点具有以下几种结论[246]。

结论 1：当 $U_1<0$，$U_2>0$ 时，系统有四个均衡点，(X, Y) 分别为 $(0,0)$、$(0,1)$、$(1,0)$、$(1,1)$。其中，$(X, Y)=(0,1)$ 是系统的演化稳定点，表示系统中装备制造企业 1 最终选择传统技术，而装备制造企业 2 会选择进行创新，此时系统达到稳定均衡点（表 5.2 和图 5.5），此时市场中群体 2 企业更具有竞争优势。在博弈初始时，装备制造企业 2 进行低碳技术创新，净收益虽然相对较小，但高于装备制造企业 1 的收益，因此，随着演化博弈的进程，群体 2 中越来越多的企业会因为较高的竞争利润而选择进行技术创新；相反，因装备制造企业 1 的相对竞争优势小于群体 2 中的企业，经过多次竞争学习，群体 1 中已经选择实施低碳技术创新的企业，由于较低的利润影响其在市场中的竞争地位，为了保证自身的竞争优势，最终会选择不进行创新。系统最终会达到群体 1 企业选择传统技术、群体 2 企业选择低碳技术创新的稳定状态。

表 5.2　$U_1<0$，$U_2>0$ 时系统稳定性均衡点

(x, y)	$DetJ$	TrJ	结果
$(0,0)$	$-$	$+(-)$	鞍点
$(0,1)$	$+$	$-$	ESS
$(1,0)$	$+$	$+$	不稳定点
$(1,1)$	$-$	$+(-)$	鞍点

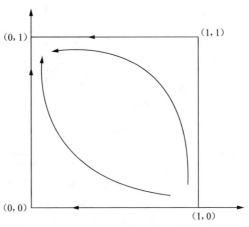

图 5.5　$U_1<0$，$U_2>0$ 时系统的演化相位图

结论2：当$U_1>0$，$U_2<0$时，该系统有四个均衡点，(X, Y)分别为$(0,0)$、$(0,1)$、$(1,0)$、$(1,1)$。其中，$(1,0)$为系统稳定均衡点，表示随着演化博弈的推进，系统最终达到装备制造企业1会选择进行低碳技术创新而装备制造企业2会选择传统技术的稳定状态（表5.3和图5.6）。博弈初始时，装备制造企业1选择进行低碳技术创新，净收益虽然相对较小，但高于装备制造企业2的相对净收益，经过演化过程后，装备制造企业1最终会因为较高的竞争利润而进行低碳技术创新；相反，装备制造企业2因为相对竞争优势较小，较低的利润影响了其在市场中的竞争地位，为了保证自身的竞争优势，最终装备制造企业2会选择传统技术。系统最终会达到群体1企业都进行低碳技术创新、群体2企业选择传统技术稳定状态。

表5.3　$U_1>0$，$U_2<0$时系统稳定性均衡点

(x, y)	$DetJ$	TrJ	结果
$(0,0)$	$-$	$+(-)$	鞍点
$(0,1)$	$+$	$+(-)$	不稳定点
$(1,0)$	$+$	$-$	ESS
$(1,1)$	$-(+)$	$+(-)$	鞍点

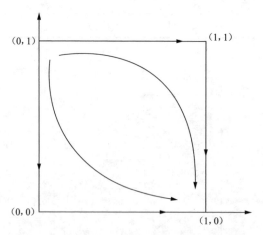

图5.6　$U_1>0$，$U_2<0$时系统的演化相位图

结论3：当$U_i<0(i=1,2)$时，系统有四个均衡点，(X, Y)分别为$(0,0)$、$(0,$

1)、(1,0)、(1,1)。其中,(X, Y)＝(0,0)是稳定均衡点,表示随着时间推进,由两个群体中的企业最终均会选择不进行低碳技术创新(表 5.4 和图 5.7)。原因在于随着市场竞争,两方企业进行低碳技术创新都会产生负的净收益,因此,企业为了保有一定竞争优势,在一定时间后,系统最终达到所有企业都不进行低碳技术创新的均衡状态。

表 5.4　$U_i < 0 (i=1,2)$ 时系统稳定性均衡点

(x, y)	$DetJ$	TrJ	结果
$(0,0)$	+	−	ESS
$(0,1)$	−	不定	鞍点
$(1,0)$	−	不定	鞍点
$(1,1)$	+	+	不稳定点

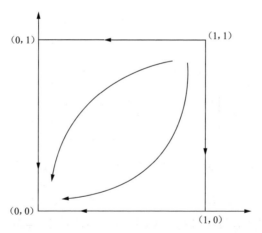

图 5.7　$U_i < 0 (i=1,2)$ 时系统的演化相位图

结论 4:当 $U_i > 0$ 且 $U_i > C_i - C_i^{'}(i=1,2)$ 时,该系统有四个均衡点,(X, Y) 分别为 $(0,0)$、$(0,1)$、$(1,0)$ 与 $(1,1)$,其中,$(X, Y) = (1,1)$ 为稳定均衡点,表示随着发展的推进,两个群体中的所有企业都会选择开展低碳技术创新(表 5.5 和图 5.8)。企业进行低碳技术创新时,净收益将会受到政府环境规制、市场需求、低碳技术水平的直接影响。当系统中的装备制造企业因为较高的碳税负担及产品市场需求不足而逐渐选择低碳技术创新时,获得的总收益高于低碳技术投

入的成本,在经济收益的驱动下,系统中企业均会选择进行低碳技术创新,并最终达到稳定的均衡状态。

表 5.5　$U_i>0$ 且 $U_i>C_i-C_1'(i=1,2)$ 时系统稳定均衡点

(x,y)	$DetJ$	TrJ	结果
$(0,0)$	+	+	不稳定点
$(0,1)$	−	−(+)	鞍点
$(1,0)$	−	−(+)	鞍点
$(1,1)$	+	−	ESS

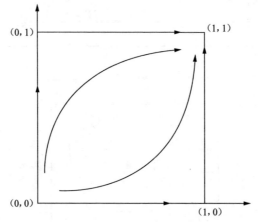

图 5.8　$U_i>0$ 且 $U_i>C_i-C_1'(i=1,2)$ 时系统的演化相位图

结论 5:当 $U_i>0$ 且 $U_i<C_i-C_1'(i=1,2)$ 时,系统有五个均衡点,(X,Y) 分别为 $(0,0)$、$(0,1)$、$(1,0)$、$(1,1)$ 以及 (X^*,Y^*),其中,$(X^*,Y^*)=((P_1-C_1')/(C_1-C_1')$,$(P_2-C_2')/(C_2-C_2'))$,$(0,1)$ 和 $(1,0)$ 为稳定均衡点(表 5.6 和图 5.9),表示系统最终演化为只有一个群体内企业会选择进行低碳技术创新而达到稳定状态。当系统初始状态为四边形 $BDOC$ 区域时,系统经过演化博弈最终趋于 $(0,1)$ 点,也就是最终实现群体 1 不进行低碳技术创新而群体 2 进行低碳技术创新的稳定状态;当系统初始状态为四边形 $ABDO$ 区域时,系统最终会稳定于 $(1,0)$ 点,群体 1 企业均进行低碳技术创新而群体 2 不进行创新的稳定状态。其原因主要在于,在博弈过程中,当一个群体内企业选择创新时,能够获得较高的净收

益,且高于另外一个群体的净收益,因企业以追求利润最大化为目的,随着演化博弈的推进,净收益高的群体内企业最终选择进行低碳技术创新,另一群体部分企业尽管初始时进行低碳技术创新,但由于所获经济利润较低,最终则选择退出。

表 5.6　$U_i > 0$ 且 $U_i < C_i - C_i'$($i=1,2$)时系统的稳定性分析

(X,Y)	$DetJ$	TrJ	结果
$(0,0)$	+	+	不稳定点
$(0,1)$	+	−	ESS
$(1,0)$	+	−	ESS
$(1,1)$	+	+	不稳定点
(X^*, Y^*)	−	+(−)	鞍点

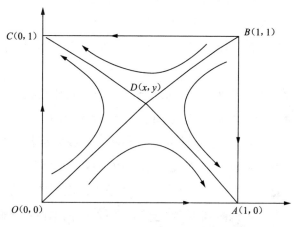

图 5.9　$i=1,2$ 时系统的演化相位图

5.2.2.3　装备制造企业低碳技术创新动力机制系统演化结果

综上可知,装备制造企业进行低碳技术创新的外部动力机制主要取决于政府环境规制、市场需求与竞争、科学技术发展水平的作用关系,并通过作用力强度直接影响企业的净收益来驱动企业低碳技术创新的决策。政府税收限制和碳交易激励政策对企业碳排放量产生直接控制,会促使企业直接降低生产过程中的碳排放量,科学技术发展水平和政府对成本投入补贴的激励以及市场(购

买商)对低碳产品需求,能够推进企业低碳技术创新的进程。当系统中的装备制造企业因为较高的碳税负担及产品市场需求不足而逐渐选择低碳技术创新时,获得的总收益高于低碳技术投入的成本。因此,在经济收益这一目标的驱动下,各动力机制因素通过适宜的机制作用,促使系统中装备制造企业均会进行低碳技术创新,并最终达到稳定的均衡状态。

5.2.3　装备制造企业外部动力机制演化结果讨论

运用演化博弈理论对装备制造企业低碳技术创新动力机制的演化过程进行分析,可以发现装备制造企业以最终利润作为实施低碳技术创新的目标,在外部环境政府行为、市场竞争、市场需求及科学技术发展的作用机制下,共同作用于装备制造企业最终决定低碳技术创新的选择。

根据装备制造企业低碳技术创新动力机制演化博弈分析可知,装备制造企业实施低碳技术创新的稳定均衡状态,应该是政府环境规制、市场竞争、市场需求及科学技术发展四个外部机制共同作用并达到各自的适宜的状态,与装备制造企业实施低碳技术创新的行为相契合,企业才会真正选择实施低碳技术创新。

从政府环境规制角度来看,政府对装备制造企业征收碳污染税,一方面遏制了装备制造企业低效率甚至无效率的高碳排放技术生产;另一方面,税收的增加也从一定层面上,降低了企业的相对利润。碳税的征收力度越大,越激励装备制造企业选择低碳技术生产。因此,征收碳税会促使企业进行低碳技术创新,碳税越高,企业实施低碳技术创新的效率越高。政府碳交易力度越大,装备制造企业越倾向于实施低碳技术创新策略。装备制造企业实施低碳技术创新,会由于消耗一定的物力、财力而降低企业的利润。政府作为低碳技术创新的推动方与支持方,从低碳排放的角度,对低碳技术创新所需要的碳排放量进行控制,一方面激励企业提高低碳技术创新效率,另一方面也弥补了企业在低碳生产过程中的资金消耗。但是,随着群体中实施低碳技术创新企业数目的增加,碳交易力度的边际效率递减。因此,政府在实施碳交易激励政策时,要注意针对不同阶段的企业发展状况,进行有的放矢的政策倾斜,避免不必要的低效率情况发生[244]。

政府对于企业进行投入补贴,是直接填补其在低碳技术创新活动中的成本消耗。由于低碳技术创新所需投入的资金成本较高,较低的补贴力度并不会对企业实施低碳技术创新产生推动作用,只有当补贴额度足以弥补其利润损失时,系统中的企业才会选择实施低碳技术策略。

从市场需求与竞争的角度来看,市场竞争和市场需求是装备制造企业实施低碳技术创新、生产低碳产品,以达到抢先占领市场、增强企业核心竞争力的战略目标的最为直接动力,也是企业进行低碳技术创新的动力源泉。当市场需求强度和竞争程度较弱时,装备制造企业为追求目标最大化,通过博弈群体中的企业最终会重复传统技术而摒弃低碳技术。近年来,随着政府政策的引导,即对产业链条不同节点企业的环保推进,购买厂商尤其是对大型设备生产工具具有需求的企业,越来越倾向于购买低碳技术工具,一方面为了降低自身的碳税负担;另一方面也为了不断提升自身的生产效率,以期获得更高的利润。购买商的需求和市场竞争从一定程度上决定了装备制造企业的生产方式[245],因此,装备制造企业的低碳技术创新对具有市场需求和市场竞争具有强烈的反应。

从科学技术发展的角度来看,由于装备制造企业低碳技术创新的投入成本高、复杂性高、难度大,因此,企业低碳技术创新并不是自身力量的结果,而是要通过引进相关的科技成果、消化吸收、联盟合作等途径实现的。即在政府政策引导下,市场资源的有效配置下,装备制造企业通过技术转让、技术合作等多途径积极引进国外先进低碳技术,在使用引进技术的同时积极开展学习研发,通过消化吸收将引进的国外先进低碳技术转化为企业自身的优势技术,进而实现低碳技术创新。同时,装备制造企业还可通过合资合作建立自己的研究院所、设计公司或通过与科研院所的合作,独立或共同合作研发,并将应用研究投入企业的实际当中以实现低碳技术创新。

综上,基于演化博弈理论,在市场竞争、科学技术、市场需求、政府环境规制等外部环境对装备制造企业低碳技术创新动力机制影响作用下,进行模型假设,构建了装备制造企业之间的低碳技术创新动力的博弈支付矩阵,分析了装备制造企业低碳技术创新的市场竞争、市场需求、政府环境规制及科学技术的外部动力机制问题,及这些动力机制因素对低碳技术创新动力系统演化的作用。政府在引领装备制造企业低碳技术创新时,应该注重实施政策的力度,要避免政府财政支出过度浪费所导致的低碳技术推动效率低下问题的产生。同时,政府加强对低碳化发展的宣传力度和政策的引导作用,为低碳技术市场机制、资源有效配置提供有效支撑,进而增强市场购买者对低碳产品的购买偏好,增强市场对低碳技术引进和传播,以及市场对低碳产品的认可度,加大市场作用机制。整体而言,就是要从政府、市场、技术几方面为我国装备制造企业低碳技术创新动力机制的有效运行创造良好的外部环境,全面推动装备制造企业走向低碳技术创新的发展之路。

5.3 大庆工业园区装备制造企业低碳技术创新外部动力机制实践的案例分析

5.3.1 工业园区整体情况概述

当前,全球社会正面临"经济危机"与"生态危机"的双重挑战,随着新型工业化和城镇化的深入推进,我国所需要的能源消费都将呈现增长趋势,迫切需要我国加快转变经济发展方式,坚持社会主义生态文明发展战略。工业园区是温室气体排放的重要源头之一,因此,减少工业园区碳排放,实现绿色转型的需求日益迫切[255]。《中国制造2025》中明确提出,要提高能源高效利用效率,减少污染排放,相比于2015年,工业增加值二氧化碳排放单位量在2020年要力争下降22%,2025年要下降40%。

工业园区是实现低碳减排目标的重要单元和实施主体。当前国内关于工业园区减排发展战略、低碳技术的研究已经有所突破,但是对于工业园区低碳技术创新实施与发展实践效果的研究还比较缺乏,特别是从外部干预的角度,考量低碳工业园区发展的合理性及动力路径问题,尚属于低碳工业园区发展创新和实践的迫切需要。鉴于此,在装备制造企业低碳技术创新外部动力机制影响因素及演化博弈规律分析结果的基础上,用实际案例分析的方法,进一步对研究结论从实践的角度进行实证分析,解析低碳工业园区内装备制造企业外部动力作用下的低碳技术创新效果与未来发展战略的实施举措,进而对低碳工业园区装备制造企业低碳技术创新动力机制进行实证剖析,以期为装备制造企业园区的低碳技术创新发展提供理论依据和实践支撑,为加快我国装备制造业整

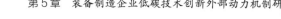

体的低碳技术生产转型研究提供有益借鉴。

近年来,我国大力倡导低碳经济,加快推动工业绿色低碳发展,积极推行试点低碳工业园区建设。目前,试点低碳园区已经达51家,低碳发展取得了一定的成效。低碳园区实行低碳化改造,提高可再生能源消费占比,鼓励园区内企业进行低碳技术的创新研发,园区培养了一批低碳企业,碳排放强度达到了同类园区的先进水平,已经起到了引导和带动工业绿色低碳发展的作用。

5.3.2 大庆工业园区装备制造企业低碳技术创新实践

(1)案例选取理由

大庆是国际知名的工业城市,装备制造企业云集,工业园区发展具有典型性,大庆在国家和黑龙江省的经济发展中具有举足轻重的地位,最近几年每年上缴国家利税都超过1 000亿元,GDP占全省的1/4,规模以上工业增加值占全省的1/2,全省的财政收入有2/3来自大庆。在产业发展上,大庆有很多优势,又有自身生态功能弱化、环境污染严重的发展痛点。

城市基础设施建设不足:大庆是典型的政府主导下的因油而建的资源型城市,资源既是其赖以生存的优势,又是其持续发展的阻碍。历史原因导致大庆产业结构较单一,垃圾处理、污染治理、绿地景观等城市基础设施供给不够完善,发展其他产业经济的优势不足。大庆石油资源过度开发,石油减产不可逆转,企业规模小、数量少,专业技术人才不足,企业自主创新能力不强,产业整合困难。

虽然大庆的自身突破发展有众多阻碍,但其经济总量基础良好、地缘区位优势明显、又迎来了国家振兴东北老工业基地的支持资源型城市经济转型的系列扶持政策,大庆实现产业转型,大力推动工业园区发展,坚持可持续发展与新型工业化建设相结合,为提高资源利用效率、改善城市生态环境质量付出了巨大的努力与实践。现如今,大庆工业园区在全国工业园区发展中占据非常重要的战略地位,已成为装备制造企业发展创新的重要代表。因此,对装备制造企业低碳技术创新外部动力机制的研究选取其作为研究案例进行剖析。

(2)大庆工业园区装备制造企业低碳技术创新过程

国家针对大庆工业园区的发展特点,适时地制定并推出了相对应的扶持政策,分别对2个国家级园区、5个享受省级开发区待遇的工业园区内的装备制造企业制定了相应的投入补贴政策及税收减免政策,从资金扶持和税收等多个角度,充分发挥政府行为对园区内装备制造企业的影响作用,从而大力推动大庆工业园区的高速发展。大庆主要装备制造企业低碳工业园区发展情况如表5.7所示。

表5.7 工业园区主要装备制造企业发展情况

园区	2017年实现增加值
大庆高新技术产业开发区	实现增加值405亿元,其中规上工业增加值114.4亿元
大庆经济技术开发区	实现增加值29.3亿元,其中规上工业增加值28.3亿元
龙凤光明产业园区	实现增加值6.35亿元
红岗铁人产业园区	实现增加值30亿元,区级财税收2421万元,吸纳就业2 809人
林甸工业园区	实现增加值1.59亿元

大庆各个工业园区充分认识到科学技术对园区以及园区内装备制造企业进行低碳技术创新的推动作用。在各企业积极进行技术创新突破与产业资源整合的竞争环境下,大庆工业园区内的各个装备制造企业以实现装备制造产业的高端智能化和服务一体化发展为主要目标,重点突破石油石化装备、高端农机装备、油田专用车、电气设备、仪器仪表、油田环保装备等领域的关键低碳技术,通过大庆工业园区的装备制造企业实际生产情况进行资料搜集与分析,发现当前大庆工业园区低碳试点的发展在装备制造企业中,主要集中于以产业链条发展方式来促进低碳技术的创新推广。同时,大庆工业园区大力推动园区内各装备制造企业积极实现新型低碳技术的流转,定期举办企业间的交流会议及活动,以优秀先进企业带动落后企业的方式努力实现园区内装备制造企业低碳技术创新的快速发展。除大力推进园区内装备制造企业间的技术学习与交流之外,大庆工业园区还通过举办国际技术交流会议,承办国际技术交流博览会等方式为园区内装备制造企业与国外掌握先进低碳技术的企业搭建交流平台,有效促进了园区内装备制造企业向国外学习、引进先进的低碳技术。

在大庆工业园区装备制造企业的各产业链中,关键低碳技术取得了一定成绩,并获得了实际生产应用。主要围绕碳纤维材料产业链、优特钢材料产业链和高性能工程塑料及特种高分子材料产业链进行关键低碳技术的突破。

碳纤维材料产业链是以碳纤维材料为核心技术,按照纤维的类型和等级、重量、密度、设计厚度、设计抗拉强度与弹性模量为测量指标,分为高抗拉碳纤维和高弹模碳纤维两种主要生产材料,当前装备制造企业生产加工使用的主要碳纤维材料的等级和特性如表5.8所示。

表5.8 主要碳纤维材料等级及特性

种类	高抗拉碳纤维		高弹模碳纤维		
等级	FTS-C1-20	FTS-C1-30	FTS-C5-30	FTS-C6-230	FTS-C7-30
纤维重量 / $g \cdot cm^{-2}$	200	300	300	300	300
纤维密度 / $g \cdot cm^{-3}$	1.8	1.8	1.82	2.1	2.17
设计厚度 / mm	0.111	0.167	0.165	0.143	0.143
抗拉强度 / MPa	3 550	3 550	3 000	2 500	2 000
抗拉弹性模量 /MPa	2.35×10^5	2.35×10^5	3.8×10^5	5.0×10^5	5.5×10^5

优特钢材料产业链是以优特钢及其制品的生产加工为核心技术,分为普通低碳钢线材制品和优特钢线材制品。覆盖以优质碳素钢钢丝、合金钢丝、钢绞线和钢丝绳为主要加工材料的各项制成品。

高性能工程塑料及特种高分子材料产业链是高性能工程塑料及特种高分子材料改良生产工艺为主要技术,目前装备制造企业使用的五大特种工程塑料包括聚砜(PSU塑料)、聚苯硫醚(PPS塑料)、聚芳脂(PAR塑料)可溶性聚四氟乙烯(PFA塑料)、聚四氟乙烯–乙烯共聚物(ETFE塑料),高性能工程材料主要性能对比如表5-9所示。

大庆工业园区内碳纤维材料、优特钢材料和高性能工程塑料及特种高分子材料等生产企业由于较早的进行低碳技术创新,掌握了相关领域内先进的低碳技术,在某些领域填补了技术空白甚至超越了世界先进技术水平,这些装备制造企业生产的产品在国内市场乃至国际市场都具有极强的竞争力。因此,园区内已经实现低碳技术突破并因此获得巨大利润的企业进行低碳技术创新的意愿更为强烈,其他尚未采取低碳技术创新或者正处于发展阶段的装备制造企业也会因为市场竞争和市场需求的双重影响而积极投入到低碳技术创新当中,这正是市场竞争和市场需求两个影响因素对大庆工业园区内装备制造企业低碳技术创新动力具有重大影响的体现。

表 5.9 高性能工程材料主要性能比较

种类	材料性能
PSU 塑料	硬度和冲击强度高,无毒,耐热,耐寒,耐老化,耐无机酸碱盐的腐蚀,但不耐芳香烃和卤化烃
PPS 塑料	电绝缘性优良,透光率极佳,良好的刚性、着色性、耐水性、阻燃性、化学稳定性,但质脆,易产生应力脆裂,不耐苯、汽油等有机溶剂
PAR 塑料	无毒,优良的耐热性、阻燃性
PFA 塑料	卓越的耐化学腐蚀性,优异的电绝缘性、抗蠕变性、耐辐射性、较高的拉伸强度、压缩强度,摩擦系数在塑料中最低,但流动性差,极易分解,分解时产生腐蚀气体
ETFE 塑料	良好的耐化学腐蚀性、耐化学药品性、耐辐射性,拉伸强度高,抗蠕变性能佳,介电性好,但流动性差,极易分解,分解时产生腐蚀气体

基于以上分析,大庆工业园区装备制造企业目前采取以低碳技术创新带动装备制造业各产业链优化升级的发展战略,充分发挥创新型低碳材料在装备制造生产加工合成工艺、技术改良、效率提升、碳排放量控制的优势,使得各装备制造企业借助大庆工业园区产业链整合升级、先进技术工艺集成、税率优惠、国家政策扶持、市场推动等有利条件,取得突破性成绩。大庆工业园区装备制造企业低碳技术创新过程如图 5.10 所示。

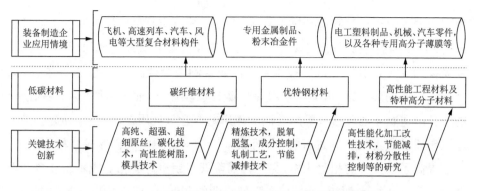

图 5.10　大庆工业园区装备制造企业低碳技术创新

5.3.3　大庆工业园区装备制造企业低碳技术创新实践的外部动力机制剖析

大庆试点低碳产业园区内装备制造企业低碳技术创新及低碳发展取得了显著成效,其原因主要在于低碳园区充分发挥政府、市场(市场竞争和市场需求)、技术对企业低碳发展的作用机制,共同驱动园区企业进行低碳技术创新,增强低碳技术创新动力机制,进而提高其低碳技术创新能力。

(1)园区充分响应和发挥政府行为(环境规制)的作用机制

在装备制造企业低碳技术创新领域,政府行为主要表现为具有引导性质的规制措施,如碳税及碳排放交易和具有扶持性质的环境规制措施。

碳税是政府对装备制造企业征收碳污染税,其目的在于通过增加企业纳税负担的方式提升企业因不实施低碳技术创新而产生的成本。大庆工业园区内的装备制造企业生产规模相对一般企业形式来说普遍较大,其纳税额度随着大庆工业园区内装备制造企业的发展而不断提高,而碳税政策的实施为园区内企业增加了生产成本,相对利润下降。因此园区内装备制造企业开始逐步加大对低碳技术创新的重视,以求通过低碳技术创新的方式减少碳排放量从而减少缴纳的碳税额度。大庆工业园区内装备制造企业的此种转变充分说明了碳税政策对引导企业积极实施低碳技术创新具有积极的规制作用,体现了政府行为在装备制造企业低碳技术创新领域的正向作用。

碳排放交易作为另一种带有引导性质的政府行为,在大庆工业园区低碳技术创新发展方面发挥着重要的作用。这是因为在现阶段,装备制造企业在进行生产的过程中还无法回避碳排放问题,而碳排放权交易措施的目的在于通过碳排放权在企业间的有偿流转来引导装备制造企业实施低碳技术创新,其方式主要表现为通过积极实施低碳技术创新的装备制造企业因为采用了低碳技术而降低了企业的碳排放,因此会有剩余的碳排放权额度,而未采取低碳技术创新的装备制造企业的碳排放额度会满额使用甚至超额使用,那么超额部分就必须通过碳排放交易的方式进行补缺,而碳排放权交易的完成会形成杠杆效应,一方面提高了购买方的相对成本,另一方面降低了销售方的相对成本。装备制造企业进行低碳技术创新过程中,会降低企业的利润,而碳排放权交易措施的出现在一定程度上降低了企业生产的潜在相对成本。

投入补贴作为一种带有明显扶持性质的政府行为,其作用方式是通过政府对装备制造企业积极进行低碳技术创新进行投入补贴,从而直接填补积极进行低碳技术创新的装备制造企业在低碳技术创新活动中的成本消耗。通过大庆工业园区内装备制造企业的调研分析发现,由于低碳技术创新所需的投资金成本相对较高,因此较低额度的政府投入补贴对大庆工业园区内装备制造企业实施低碳技术创新的引导作用并不明显,园区内装备制造企业对低力度投入补贴呈现相应的惰性状态。而当政府投入补贴达到一定强度时,大庆工业园区内的装备制造企业实施低碳技术创新开始呈现活跃状态,因此可以说,只有当投入补贴额度足以弥补其利润损失时,装备制造企业才会有动力进行低碳技术创新。

(2)园区充分发挥市场作用机制

市场竞争和市场需求是市场作用机制在装备制造企业低碳技术创新过程中的两大重要影响因素,可以说市场需求与竞争是推动企业低碳创新与发展的重要推动力,装备制造企业的低碳技术创新对市场需求和市场竞争的反应敏感。

大庆工业园区除了实施政府政策外,还充分利用了市场资源配置作用,通过市场机制引导大庆工业园区内装备制造企业进行低碳技术创新或升级改造、实施低碳化发展。

一方面大庆工业园区充分发挥优胜劣汰的市场竞争机制,对不符合产业发展规划及高能耗的产业项目,除响应政府政策给予关停外,也会通过市场作用机制最终给予淘汰。大庆工业园区内各装备制造企业在低碳技术创新或生产上若不能与时俱进,做到引领或紧随市场发展趋势,不能提供优质的低碳产品或服务,就终将被市场所淘汰。

另一方面,大庆工业园区通过低碳技术的创新与改造,打造一批掌握核心低碳技术的优秀装备制造企业,这些装备制造企业的出现推动了企业向国际同行业标杆看齐,引领大庆工业园区内其他装备制造企业积极践行低碳技术创新或改革升级,开展低碳发展,全面提高产品技术、环保水平等,增加产品低碳技术,提高企业生产总值。

（3）园区大力推动低碳技术研发及应用普及的作用机制

科学技术作为装备制造企业低碳技术创新动力机制的重要影响因素之一,对大庆工业园区内的装备制造企业低碳技术创新和低碳发展起着引导和推动作用。低碳技术的发展和创新离不开低碳技术的传播和扩散、低碳技术的交流和转让以及低碳技术的实践应用。大庆工业园区一方面鼓励企业勇于进行低碳技术的创新,另一方面为园区内企业低碳技术创新提供各种交流平台和信息,为企业获得最新的低碳技术信息和低碳发展信息提供了重要的渠道,降低企业信息获得的成本,并且充分发挥园区的集聚效应,从而不断推动园区内装备制造企业进行低碳技术的研发及应用的推广。

一是低碳信息平台的充分利用。为推动大庆工业园区内装备制造企业的低碳技术快速发展,通过低碳信息平台,进行低碳技术的交流与转让,为大庆工业园区内的装备制造企业提供更加便捷的低碳节能技术,从而为装备制造企业创造了新的发展空间。

二是低碳技术的应用普及。大庆工业园区在基础设施建设中采用了大量低碳技术,全面实现低碳技术的应用普及,进一步推动低碳技术在市场上的应用价值,激励企业不断进行低碳技术创新,生产低碳技术产品。因此,可以说低碳技术的发展、低碳技术转让是装备制造企业低碳技术创新不可或缺的重要动力。

综上,通过对大庆工业园区内装备制造企业进行剖析,有针对性地分析了市场竞争、市场需求、政府环境规制及科学技术等外部动力机制影响因素对园区内装备制造企业低碳技术创新行为的作用方式及效果,进一步印证了研究的充分性及可靠性。

5.4 本章小结

本章利用演化博弈理论,在市场竞争的作用机制基础上设立相关假设条件,首先,构建了装备制造企业低碳技术创新动力机制的演化博弈模型,阐明了政府、市场(需求和竞争)、技术四大外部动力因素对装备制造企业低碳技术创新动力的作用机制,指明了这些低碳创新动力机制因素对动力系统演化博弈的影响。其次,用低碳工业园区试点低碳技术创新践行为案例加以阐述,保障研究的充实性和可靠性。研究充分揭示了装备制造企业低碳技术创新动力的作用机制,即政府环境规制、市场的竞争与需求作用机制以及科学技术的引领全面推动装备制造企业走向低碳技术创新之路,促进装备制造企业动力机制的运行。对于适用整个市场环境的装备制造企业的低碳技术创新将不断地演化、复制、繁殖、扩散,从而提高企业低碳技术价值,增强自身竞争力,促进低碳经济的发展,而不适应低碳发展市场环境的装备制造企业也会逐渐从市场中退出。

第6章

装备制造企业低碳技术创新动力系统协同演化机制研究

　　装备制造企业低碳技术创新动力机制的有效运行,不仅仅是企业内部影响因素或外部影响因素作用的结果,更是整个创新活动过程中内外部影响因素共同作用的结果。由于内部动力机制和外部动力机制从运行的角度存在相互影响的协同效应,基于系统论的观点,提出装备制造企业低碳技术创新动力系统的概念,即装备制造企业低碳技术创新动力系统是装备制造企业低碳技术创新内部动力机制和外部动力机制在一定的规则或规律支配下进行彼此影响、协同运行的动态演化系统。根据上文阐述的装备制造企业低碳技术创新系统运行的逻辑依据推断,装备制造企业低碳技术创新动力系统同样具有功能协同、质量平衡、时间同步的特征,并且包含内部动力子系统和外部动力子系统二元结构。装备制造企业低碳技术创新动力系统的研究能更好地集成装备制造企业内部动力机制和外部动力机制各自的作用规律,同时能够将二者协同演化、共同推动装备制造企业低碳技术创新过程的规律进行揭示,是装备制造企业低碳技术创新动力机制结构的重要组成部分。

　　为探究他们之间的作用机制及其协同演变过程,本章从演化经济分析范式角度研究企业低碳技术创新的内外部动力影响因素的协同演化规律,并通过协同演化模型对我国装备制造企业低碳技术创新两个子系统的协同演化程度进行实证分析,进而剖析动力系统协同演化机制。这是对装备制造企业低碳技术创新动力机制动态机制方面的研究。

6.1 装备制造企业低碳技术创新动力系统协同演化机制的研究逻辑

6.1.1 协同演化思想及其研究范式

6.1.1.1 自组织演化方法论

自组织理论是一组理论群,是对自组织现象、规律进行研究的学说,包括耗散结构理论、协同学理论等[256]。耗散结构理论强调当一个开放系统处于非平衡的非线性状态时,恰好某一参量发生变动而到达某一区间,则系统将可能从稳定状态进入不稳定状态,也就是系统经历了原来无序的混乱状态到新的有序状态的一种转变过程,而在新的有序结构形成的过程中,维持系统稳定状态的条件则是能量的耗散[257]。该理论认为外部环境是自组织存在和发展的重要条件,因此,自组织非常重视外部环境的影响,即系统只有是开放性的,才能从外部环境获得能量和信息,得以进化发展。

自组织理论包含一系列基本原理,如开放性、不稳定性、非平衡性、反馈、非线性、环境适应性、支配及涨落等原理[258]。通过这些基本原理能够判定系统的自组织性,是判别系统自组织机制、条件等自组织过程的重要依据。自组织方法论较为重视演化及演化过程中的交互作用,并认为推动系统组织的根本动力是非线性的交互作用。

6.1.1.2 协同演化分析

协同学是 20 世纪 70 年代兴起的学科,是系统科学的重要分支理论。自从物理学家哈肯创立协同学,协同理论便在自然、社会科学领域得到广泛的发展和应用[259]。协同学是一种自组织理论,它是通过各子系统间的协同演进,而形成结构有序演进的过程。它是一门以定量化方法研究系统结构或行为演化的现代科学。协同就是指各系统及其要素之间在发展演化过程中彼此达到和谐一致的状态,其目的就是使系统从无序向有序转换,以减少系统负效应,并实现和提高系统整体效应。因此,协同学明确了各系统是否能够产生协同效应是一个系统从无序转换为有序的关键,进而输出新的、有序的功能和结构,这实质上就是系统的自组织现象。而协同度表示各子系统间及其组成要素间所达到的和谐程度。在整体的系统中,子系统既相互独立,又相互作用,整体系统的协同运作条件是各子系统之间的协同发展。

1964 年,艾里斯和瑞文首先提出了"协同演化"的概念,并被广泛应用于经济学、管理学等诸多领域中。协同演化主要研究两个或两个以上种群间相互影响关系[260],是一个双向或多向的因果关系,并具有正反馈效应、同期变化性、时间跨度性、复杂系统性等特征,且不断适应变化的一个相互反馈的过程[261,262]。经济系统的协同演化主要反映了组织、技术、环境等子系统之间的长期的、相互反馈的一种关系,并且各子系统的变异都相互影响[263]。而这种演化竞争的结果可能是被淘汰或出现其他细分环境[264]。才国伟,刘继楠强调,技术与制度协同演化对经济增长具有一定的推动作用,并把技术变化看作是一个演进的过程,同生物的进化具有一致性,遵循遗传、变异、选择的基本过程[265]。由此可知,自组织理论和协同演化理论为装备制造企业低碳技术创新动力机制协同演化提供了理论基础和分析方法。

6.1.2　装备制造企业低碳技术创新动力系统的协同演化规律

协同创新这一概念,最早源于"国家创新体系"概念的提出,体现技术、组织以及制度的协同创新[266]。经过学术界对协同创新更加深入的探索发现,协同创新的目的是提升企业的创新能力,实现其技术能力优势,将技术、内部资源以及外部环境等协同起来,以推动技术的突破性创新。目前协同创新的研究角度有两方面,一方面是基于参与者的协同,将参与企业创新的各个主体,包括企业、政府、中介机构、用户等整合起来,即从供应链的角度进行分析,可理解为上下游关联方的交互作用;另一方面,是基于要素的协同,多将影响企业创新的影响因素从内外部两方面进行协同研究,揭示提升企业创新能力的最优模式。

装备制造企业低碳技术创新动力协同演化机制主要研究各动力影响因素间的协同演化关系,立足于协同创新的要素研究角度。根据装备制造业低碳技术创新内外部动力系统的协同演化机制要达到目标一致性和要素关联性。装备制造业低碳技术创新分为内部动力和外部动力虽然都具有各自的动力机制,但二者目标导向是一致的,都对企业的创新行为产生动力影响;区别在于二者的参与对象不同,内部动力机制主要依赖于企业自身,而外部动力机制主要依赖于市场和政府的推动。

在装备制造业低碳技术创新动力影响因素的结构中,内部动力影响因素和外部动力影响因素并不是孤立存在的,二者之间存在一定的内部联系,共同对整体创新起推动作用。从内外部角度进行分析,内部动力是企业创新的直接动力,外部动力是企业创新的外部保障,外部保障也会作用于内部动力,即外部通过内部起作用,内部动力影响因素在外部动力影响因素与企业自身低碳技术创新行为之间起到一定的连接作用。

装备制造企业低碳技术创新的协同演化机制的分析脉络是:从动态、演化的观点出发,遵循着自组织演化发展规律,构建装备制造业低碳技术创新内部动力机制和外部动力机制的协同演化分析范式,揭示内外部动力因素的协同演化特征和规律,并运用协同度模型反映和衡量我国装备制造企业低碳技术创新动力机制的协同演化程度。

6.2 装备制造企业低碳技术创新动力系统的自组织演化分析

6.2.1 装备制造企业低碳技术创新动力系统的自组织机制

装备制造企业低碳技术创新动力机制整体作为一个复杂的系统,可以将其看作一个自组织。而该自组织是一个远离平衡的开放系统,就是在外界环境的变化与其内部系统间呈现非线性作用,并且在该作用下自组织系统能够不断地实现层次化及结构化,实现自发地由无序状态走向有序状态或由有序状态走向更为有序状态。而这需要遵循一定的自组织机制原则。

一是系统的开放性。自组织要保障系统的开放性,也就是通过与外界不断交换能量、物质、信息,使装备制造企业低碳技术创新动力系统有序度增加,因此,自组织机制一定是一个开放性的机制,与耗散结构理论相呼应。

二是系统的学习性。自组织机制构建的前提条件是要具备具有一定自学习功能的系统,通过学习系统,不断调整装备制造企业低碳技术创新动力系统自身组织的结构和应对策略,进而能够及时地提高应对环境变化的能力。

三是系统的协同性。在自组织运行的机制中,各子系统及系统之间各影响因素将通过结合的协同性方式进行运作,即自组织遵循着各部分和整体的协调合作。

四是系统的突变性。装备制造企业低碳技术创新过程中的突变能够促使低碳技术创新动力系统的结构、模式等方面发生质变,也就是动力系统依靠某一或某些内部或外部参量的涨落发生巨变,从而达到新的稳定状态。

五是系统的反馈性。一个组织的反馈与调节功能是分不开的,自组织通过反馈调节功能不断对自身组织结构进行调节,从而使系统演化为具有新的结构和功能的新系统。

6.2.2 装备制造企业低碳技术创新动力影响因素的自组织机制演化过程分析

装备制造企业低碳技术创新过程是知识技术的研发、生产和创造应用的进化过程,其结果是企业将知识技术和物质资源转化为市场需要的低碳产品。任何成功的创新都是创新技术产生和不断成熟的过程,都遵循着系统演进的规律。根据自组织运动原理,装备制造企业低碳技术创新过程就是其自组织不断演化的过程,其根源在于内在动力,并且通过外部环境与内因的交互作用,转化为推动系统发展的负熵流。在负熵的动力作用下,系统实现由无序状态向有序状态的转化。这种动力关系实际上源于系统各要素结构关系的一种协同关系。系统在远离平衡状态的非线性相互作用的影响下通过内部动力与外部环境的协调过程,是装备制造企业低碳技术创新动力系统走向有序协调结构的动力源泉。

(1)演化过程中的不稳定性分析

装备制造企业低碳技术创新过程是由旧结构稳定性的丧失到新结构确立的一个有序演化过程。当低碳技术创新某一主体首先突破低碳技术,并占据领先的优势地位,通过规模经济效应和学习效应,其他创新主体也会通过采取同一低碳技术的协调效应来实现其自身增强的良性循环。因此,低碳技术创新动力系统的演化具有明显的路径依赖特征,但低碳技术创新动力机制演化的路径不是唯一的,具有多样性。当低碳技术创新系统存在两个或多个稳定的状态时,系统就会面临演化路径的选择问题,也就是系统存在创新的选择机制。如果外部环境作用不存在,那么选择机会是相同的。但若外部环境中存在某种力量促使系统偏向于某一新的稳定状态时,系统会在此外部力量的主导下,选择其他演化路径。

（2）低碳技术创新演化过程的突变分析

装备制造企业低碳创新动力系统通过自组织机制能够从一种状态演化为另一种状态，也就是说低碳技术创新动力系统是有势系统的。当装备制造企业低碳技术创新原有系统稳定性在不断地丧失时，会出现一系列新的有序结构，在这一过程中，当某一刻创新难点被突破，低碳技术创新动力系统就会产生突变。

（3）低碳技术创新演化过程的涨落分析

装备制造企业低碳技术创新动力系统作为一个复杂的经济系统，其各影响因素间存在竞争与合作关系。自组织强调系统各影响因素间的协同性，而这种协同性来自组织演化过程中的涨落，所以系统的协同性表现为动态的协同，涨落表现为竞争。因此，装备制造企业低碳技术创新动力机制演化的动力是系统内各子系统的发展不平衡，即系统处于一种远离平衡的状态。各种动力影响因素在演化过程中通过非线性相互作用形成自组织的有序结构，在演化过程中通过随机涨落来决定系统的作用机制。

6.2.3 装备制造企业低碳技术创新动力影响因素的协同作用机理揭示

基于系统论的角度，装备制造企业低碳技术创新动力系统是由内外部动力机制及其影响因素间通过相互作用、相互影响、相互制约而形成的具有特定功能和不断发展演进的复合系统。装备制造企业低碳技术创新动力协同演化机制就是在这个复合系统的发展演变过程中，内外部动力机制之间及各影响因素之间彼此协同一致的状态和发展演化过程。要实现该低碳技术创新动力系统的协同，就是要在低碳技术创新演化发展的过程中，调控好内部动力协同、外部动力协同及系统整体协调发展机制。

装备制造企业是低碳技术创新的主体，其开展低碳技术创新活动，不仅涉及外部动力影响因素，更关系到企业自身内部动力影响因素，这些动力影响因素在装备制造企业进行低碳技术创新活动过程中起着举足轻重的作用。因此，不但要充分发挥好各动力影响因素及相互间的协同作用，保障企业低碳技术创新动力系统内的各子系统间及其构成因素间的协同演进，而且要达到最佳协同状态，该动力系统才能达到新的有序结构，以保障低碳技术创新动力机制的有效运行。

具体来说,就是要让政府政策支持与市场作用机制协同,市场作用机制与低碳技术发展、转让机制协同,低碳技术发展、转让机制与企业发展利益协同,企业低碳技术创新意识与企业创新资源投入相协同。因此,装备制造企业低碳技术创新动力机制的协同表现为内外部动力机制系统间及各影响因素间实现和谐关系的积极状态,体现了彼此间相互促进的一种动态的、复杂的调控过程,如图6.1所示。

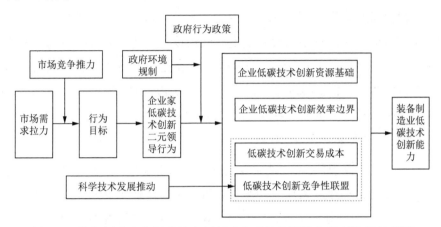

图6.1　装备制造企业低碳技术创新动力系统协同演化机制作用关系图

装备制造企业低碳技术创新动力因素的作用过程就是在市场作用机制、科学技术发展及政府政策支持等创新发展的大环境下,实现企业自身与外部环境间相互磨合、协同的作用过程和结果。该作用使装备制造企业意识到低碳技术创新的重要价值和巨大的发展空间,直接或间接促使企业自愿加入到低碳技术创新的活动中,以提升其低碳技术水平。装备制造企业低碳技术创新成果通过技术应用与扩散,使创新系统逐步实现技术绿色化、产业化、信息化、服务化以及知识化,并不断提升装备制造企业低碳技术创新能力,进而反向作用于市场主体、低碳技术环境,从而形成低碳技术创新动力机制的循环系统,使得装备制造企业低碳技术创新能够持续运行。

6.3　装备制造企业低碳技术创新动力系统协同演化机制的实证分析

6.3.1　装备制造企业低碳技术创新动力机制系统协同演化模型的构建

装备制造企业低碳技术创新动力系统协同演化机制是指内外部动力机制

之间在演化发展过程中呈现出彼此协同一致的演化状态,是内部动力影响因素与外部动力影响因素间的相互作用关系。用协同度来衡量装备制造企业低碳技术创新动力系统的协同演化程度,反映内部动力系统和外部动力系统复合系统从无序走向有序的变动过程、变动趋势及变动的程度,从而为保障装备制造企业低碳技术创新动力机制的有效运行提出对策建议奠定理论基础并提供数据支持。

根据协同理论的役使原理,序参量是决定装备制造企业低碳技术创新动力机制系统协同演化过程中的根本变量。低碳技术创新动力机制系统从无序向有序转换的关键是各个序参量之间的协同作用,它决定着低碳技术创新动力机制系统协同演化的特征与规律。因此,通过设定内部动力系统和外部动力系统的复合系统协同度模型来表达两者的协同演化作用程度。

6.3.1.1 子系统有序度模型构建

根据协同学原理,装备制造企业低碳技术创新复合系统在协同演化过程中的有序程度可用有序度来反映和衡量。可设装备制造企业低碳技术创新动力复合系统的表达式为 $S=f(S_1, S_2)$,其中,$S_j(j \in [1, 2])$ 为内部驱动机制和外部驱动机制两个子系统。

设演化过程的序参量变量为 $x_j = (x_{j1}, x_{j2}, ..., x_{jn})$,其中,$n \geqslant 1$,$\beta_{ji} \leqslant x_{ji} \leqslant \alpha_{ji}$,$i \in [1, n]$。其中,$\alpha$ 和 β 分别为装备制造企业低碳技术创新动力系统稳定临界点上的序参量的上限和下限。

假定 $x_{j1}, x_{j2}, ..., x_{jk}$ 的取值越大,装备制造企业低碳技术创新动力系统协同度越高,与之相反亦成立;假定 $x_{jk+1}, x_{jk+2}, ..., x_{jn}$ 的取值越大,装备制造企业低碳技术创新动力系统协同度越小,同样,与之相反亦成立。

建立装备制造企业低碳技术创新动力协同度 $u_j(x_{ji})$ 的表达式,即

$$u_j = \begin{cases} (x_{ji} - \beta_{ji}) / (\alpha_{ji} - \beta_{ji}), i \in [1, k] \\ (\alpha_{ji} - x_{ji}) / (\alpha_{ji} - \beta_{ji}), i \in [k+1, n] \end{cases} \qquad (6-1)$$

其中,$u_j(x_{ji}) \in [0, 1]$,装备制造企业低碳技术创新复合系统的协同度 $u_j(x_{ji})$ 值越大,x_{ji} 对装备制造企业低碳技术创新动力系统有序的作用力越大。通过调整取值区间 $[\alpha_{ji}, \beta_{ji}]$,对实际装备制造企业低碳技术创新动力系统中特殊固定

某一特定点的序参量分量进行调整,使其满足式(6-1)。

从总体上看,序参量变量 x_{ji} 对装备制造企业低碳技术创新动力系统 S_j 有序程度的总贡献可以通过 $u_j(x_{ji})$ 的集成获得。

通常,采用几何平均法或线性加权求和法,它们的计算公式分别为如式(6-2)和(6-3)所示:

$$u_j(x_j)=\sqrt[n]{\prod_{i=1}^{n}u_j(x_{ji})} \tag{6-2}$$

$$u_j(x_j)=\sum_{i=1}^{n}\lambda_i u_j(x_{ji}) \tag{6-3}$$

其中, $\lambda_i \geqslant 0, \sum_{i=1}^{n}\lambda_i=1$ 。

由(6-2)和(6-3)式可知, $u_j(x_j)\in[0,1]$, $u_j(x_j)$ 为序参量变量 x_j 的装备制造企业低碳技术创新动力系统有序度, $u_j(x_j)$ 值越大, x_j 对装备制造企业低碳技术创新动力机制系统有序作用力越大,装备制造企业低碳技术创新动力机制系统协同度越高,反之则越低。在线性加权法中,式(6-3)中的权系数 λ_i 反映序参量变量 x_{ji} 在装备制造企业低碳技术创新动力机制系统协同度中所起的作用。

6.3.1.2　复合系统的协同度模型构建

在子系统有序度模型的基础上,构建复合系统协同度模型。设初始时刻 t_0 ,装备制造企业低碳技术创新动力系统的内部动力机制和外部动力机制序参量的系统协同度为 $u_j^0(x_j)$, $j=1,2$; t_1 时刻装备制造企业低碳技术创新动力两子系统有序度为 $u_j^1(x_j)$, $j=1,2$,则复合系统协同度模型为 SIM:

$$\text{SIM}=\gamma\sum_{j=1}^{m}\varepsilon_j u_j^1(x_j)-u_j^0(x_j) \tag{6-4}$$

其中, $u_j^1(x_j)-u_j^0(x_j)$ 为子机制内部动力机制和外部动力机制 S_j 从 t_0 到 t_1 这段时间内的序参量协同度的变化程度,并反映了子系统在这段时间内的协同度的变化范围。

$$\gamma=\frac{\min_j\lfloor u_j^1(x_j)-u_j^0(x_j)\neq 0|}{\left|\min_j[u_j^1(x_j)-u_j^0(x_j)\neq 0]\right|} \tag{6-5}$$

其中，$j=1,2$；$\varepsilon_j \geqslant 0$，$\sum_{j=1}^{m} \varepsilon_j = 1$。

对于 γ 式中，只有当 $(u_j^1(x_j) - u_j^0(x_j)) > 0$，$\forall j \in [1,2]$ 成立时，装备制造企业低碳技术创新动力机制系统机制有正的系统度。

对于装备制造企业低碳技术创新动力机制系统协同度模型 SIM 而言，值越大，则装备制造企业低碳技术创新动力机制系统的协同度越高，取值为 $[-1,1]$；同时，根据装备制造企业低碳技术创新动力机制系统协同度模型 SIM，若各子机制的有序程度具有很大的差异，那说明装备制造企业低碳技术创新动力系统的协调程度很小，这时协同度模型 SIM 取值会小于 0。

6.3.1.3　低碳技术创新动力指标体系的设计

根据上文对装备制造企业低碳技术创新的内部动力机制、外部动力机制的理论分析及实证分析可知，其内部动力影响因素为交易成本、资源基础、竞争性联盟、二元领导行为与企业效率边界；其外部动力因素为市场需求拉力、市场竞争力、政府环境规制及科学技术推动力。

基于装备制造企业低碳技术创新动力系统内部动力影响因素和外部动力影响因素分析基础上，遵循指标构建的科学性、系统性、可行性及合理性原则，借鉴低碳技术创新及低碳技术创新系统等研究的评价体系，通过对指标的鉴别力进行相关分析，逐步优化和筛选相关指标，得到合理的二级指标，从而构建了装备制造企业低碳技术创新动力系统协同机制指标体系，探寻各动力影响因素间的作用关系，揭示动力影响因素的协同规律及协同度，完善低碳技术创新动力系统协同机制，进而提升内外部动力机制的协同度，进而提高企业低碳技术创新能力和创新水平。具体见表 6.1。

企业低碳技术创新动力指标的解释意义如下。

在内部动力机制中，装备制造企业交易成本和竞争性联盟因素作为内部动力因素基础，在企业开展低碳技术创新活动过程中涉及其交易成本及竞争性联盟的转换，因此，用装备制造企业总的 R&D 经费支出来代表，用字母 X_{11} 表示。

表 6.1 装备制造企业低碳技术创新动力指标体系

复合系统	子系统	序参量	具体指标	指标表示
装备制造企业低碳技术创新动力协同机制	内部动力机制	企业低碳技术创新交易成本与竞争性联盟(创新投入成本等)	企业低碳技术研究与试验发展(R&D)经费支出	X_{11}
		企业低碳技术创新二元领导行为和效率边界(创新意愿、文化、激励机制等)	企业低碳技术研究与试验发展(R&D)经费人员劳务费	X_{12}
		企业低碳技术创新资源基础(核心资源-技术研发能力)	企业低碳技术研究与试验发展(R&D)折合全时人员	X_{13}
	外部动力机制	市场需求驱动力	低碳技术新产品销售收入	X_{21}
		科学技术推动力	获取和改造低碳技术经费支出	X_{22}
		市场竞争推动力	R&D项目经费内部支出中企业资金	X_{23}
		政府环境规制	碳排放权交易强度和征收碳税强度	X_{241}
		—	研究与试验发展(R&D)经费支出中政府资金	X_{242}

　　企业的二元领导行为与企业效率边界直接关系到企业的低碳技术创新文化及内部激励机制情况,并体现出企业对低碳技术创新的重视,而对低碳技术创新人员最直接而有效的激励方式就是物质奖励,因此,用企业 R&D 人员劳务费来代表企业的二元领导行为和企业效率边界,用字母 X_{12} 来表示。

　　在企业资源基础上,低碳技术 R&D 人员是企业低碳技术创新的核心资源,因此,该指标最能体现企业低碳技术创新研发和生产能力,展现企业拥有的核心资源的能力,用字母 X_{13} 表示。

　　在市场需求拉动作用下,企业以追求高额利润为目标,因此,用低碳产品销售收入代表,并用字母 X_{21} 表示。

　　装备制造企业受科学技术发展推动作用,在低碳技术上取得进步,会加大低碳技术获取或低碳技术改造经费支出,以提高企业自身对低碳产品的投入价值。因此,科学技术推动指标用引进和改造低碳技术经费支出代表,并用字母 X_{22} 表示。

在市场竞争压力作用下,装备制造企业为增强市场竞争力,往往会加大企业资金支出,因此,用 R&D 项目经费内部支出中企业资金代表,并用字母 X_{23} 表示。

在外部驱动机制中,政府为调整产业结构、发展低碳经济的需求,一方面加大低碳技术经费支出,推动低碳技术发展,另一方面通过碳排放权交易和碳税征收等环境规制调控装备制造企业产生结构,因此,用研究与试验发展(R&D)经费支出中政府资金来表示政府投入补贴政策,用字母 X_{241} 表示,而碳排放权交易额与征收碳税之和,用字母 X_{242} 表示。

6.3.2 实证检验过程及分析

6.3.2.1 样本数据处理

根据研究需要和统计数据实际情况,本文选用整体装备制造业相关低碳技术创新数据作为模型验证分析数据。数据来源主要为《中国科技统计年鉴》、WIND 数据库等数据资料库,根据研究的需要选取了 2007—2016 年相关指标数据作为数据统计范围,见表 6.2。

由于原始数据量纲不同,需要对数据进行标准化处理,本文采用 Z-score 标准化(zero-mean normalization)方法并运用 SPSS 软件实现样本数据的标准化。Z-score 标准化方法是将经过处理的数据符合标准正态分布,也就是均值为 0,标准差为 1 的数据。

表 6.2　装备制造业低碳技术创新动力协同演化机制指标标准化数据列表

年份	X_{11}	X_{12}	X_{13}	X_{21}	X_{22}	X_{23}	X_{241}	X_{242}
2007	-0.660 5	-0.629 4	-0.666 7	-0.609 6	-0.655 5	-0.648 3	-0.709 9	-0.694 7
2008	-0.476 9	-0.518 0	-0.483 6	-0.393 0	-0.473 8	-0.521 5	-0.606 1	-0.474 5
2009	-0.264 8	-0.406 7	-0.245 9	-0.085 5	-0.224 2	-0.413 3	-0.312 9	-0.177 1
2010	-0.017 7	-0.295 3	0.011 0	0.164 3	0.155 5	-0.162 0	0.088 7	-0.120 5

年份	X_{11}	X_{12}	X_{13}	X_{21}	X_{22}	X_{23}	X_{241}	X_{242}
2011	0.338 2	−0.183 9	0.339 4	0.475 5	0.348 9	0.086 0	0.340 0	0.195 9
2012	0.653 9	0.606 0	0.665 2	0.819 9	0.699 5	0.570 3	0.848 2	0.580 6
2013	0.971 9	0.993 4	0.978 2	1.090 5	0.988 8	0.869 0	0.948 0	0.500 1
2014	1.228 5	1.359 6	1.214 5	1.258 5	1.129 2	1.189 8	0.930 2	0.718 5
2015	1.430 9	1.723 2	1.447 9	1.304 1	1.519 9	1.554 2	1.646 8	1.796 6
2016	1.780 9	1.723 2	1.752 5	1.416 9	1.652 1	2.009 0	1.708 2	2.180 4

设 y_{ij} 是第 i 年第 j 项指标数据，μ_j 和 σ_j 分别是其均值和标准差，那么有如下的计算公式：

$$\mu = \frac{1}{n}\sum_{i=1}^{n} y_{ij}, \, i=1,2,\ldots,n; j=1,2,\ldots,k \tag{6-6}$$

$$\sigma_j = \sqrt{\frac{1}{n-1}\sum_{i=1}^{n}(y_{ij}-\mu_j)} \tag{6-7}$$

其中，μ 为样本数据的均值，σ 为样本数据的标准差，则标准化公式如下式所示：

$$y'_{ij} = (y_{ij}-\mu_j)/\sigma_j \tag{6-8}$$

其中，y'_{ij} 为标准化后的数据。

6.3.2.2 指标权重的确定方法

装备制造企业低碳技术创新动力系统协同演化机制指标体系权重的确定方法采用矩阵赋值法，如果所计算的动力协同机制的指标矩阵相关系数的数值越大，那表明该指标就具有越大的影响力。这里设装备制造企业低碳技术创新动力协同机制指标体系中一共有 n 个指标，则指标的相关矩阵为 $\mathbf{A}$，即

$$\mathbf{A} = \begin{bmatrix} a_{11} & a_{12} & \ldots & a_{1n} \\ a_{21} & a_{22} & \ldots & a_{2n} \\ \ldots & \ldots & \ldots & \ldots \\ a_{n1} & a_{z1} & \ldots & a_{nn} \end{bmatrix}, \, a_{ii}=1, \, i=1,2,\ldots,n \tag{6-9}$$

令 $\mathbf{A}_i = \sum_{i=1}^{n}|a_{ij}|-1$, $i=1,2,\ldots,n$，那么 $\mathbf{A}_i$ 就表示了该指标 i 对其他指标的影

响程度,如果 A_i 值越大,那说明该 i 指标的影响程度就更大,也就是该指标的权数更大。这里再对 A_i 进行归一化处理,那么就可以得出其相对应的权重值,用 w_i 表示:

$$w_i = A_i \bigg/ \sum_{i=1}^{n} A_i, \ i=1,2,\ldots,n \qquad (6\text{-}10)$$

根据 SPSS17.0 可以获得装备制造企业低碳技术创新动力系统协同机制指标体系的相关矩阵,整理后得到指标权重的结果见表 6.3。

表 6.3　装备制造企业低碳技术创新动力机制协同指标权重

指标	X_{11}	X_{12}	X_{13}	X_{21}	X_{22}	X_{23}	X_{241}	X_{242}
权重	0.331 8	0.266 5	0.401 7	0.231 9	0.205 0	0.214 5	0.168 1	0.180 5
	0.408 1			0.581 9				

6.3.2.3　子系统有序度及协同度的测算

根据装备制造企业低碳技术创新协同演化的模式,运用 SPSS17.0,计算装备制造企业内外部子系统有序度,先利用模型公式(6-1)计算两个子系统的序参量,得出装备制造企业低碳技术创新内部动力机制子系统企业低碳技术创新投入交易成本和竞争性联盟、企业低碳技术创新二元领导行为和效率边界、企业低碳技术创新资源基础三个序参量的运行结果,以及外部动力机制子系统的市场需求驱动力、技术推动力、市场竞争推动力以及政府环境规制驱动力四个序参量的运行结果如表 6.4 所示。

将 2008 年到 2016 年我国装备制造企业低碳技术创新动力系统的序参量的有序度的作用力及作用关系通过雷达图的形式呈现,从图中可以看出近九年来,各子系统序参量呈现明显的波动,表明装备制造企业的交易成本、资源基础、竞争性联盟、二元领导行为与企业效率边界以及市场需求、竞争、技术发展、政府政策等各方面都在不断演化的过程中,各因素间的相互作用力交替变换。形成的装备制造企业低碳技术创新动力系统序参量有序度雷达图,如图6.2 所示。

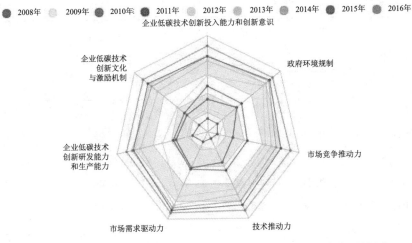

　● 2008年　● 2009年　● 2010年　● 2011年　● 2012年　● 2013年　● 2014年　● 2015年　● 2016年

图6.2　装备制造企业低碳技术创新动力系统序参量有序度雷达图

表6.4　装备制造企业低碳技术创新动力系统的序参量的有序度表

年份／年	企业低碳技术创新交易成本和竞争性联盟/u（X₁₁）	企业低碳技术创新二元领导行为和效率边界/u（X₁₂）	企业低碳技术创新资源基础/u（X₁₃）	
2007	0.06	0.03	0.11	
2008	0.09	0.07	0.11	
2009	0.16	0.13	0.15	
2010	0.22	0.17	0.23	
2011	0.31	0.19	0.25	
2012	0.38	0.25	0.33	
2013	0.48	0.41	0.49	
2014	0.51	0.46	0.55	
2015	0.51	0.49	0.54	
2016	0.58	0.53	0.59	
2007	0.05	0.03	0.02	0.06
2008	0.08	0.05	0.08	0.10

续表

年份/年	企业低碳技术创新交易成本和竞争性联盟 /u（X₁₁）	企业低碳技术创新二元领导行为和效率边界 /u（X₁₂）	企业低碳技术创新资源基础 /u（X₁₃）	
2009	0. 12	0. 13	0. 1	0. 19
2010	0. 29	0. 23	0. 21	0. 3
2011	0. 30	0. 29	0. 33	0. 35
2012	0. 54	0. 41	0. 49	0. 55
2013	0. 60	0. 46	0. 56	0. 61
2014	0. 62	0. 51	0. 57	0. 63
2015	0. 63	0. 55	0. 61	0. 64
2016	0. 65	0. 59	0. 69	0. 67

根据装备制造业低碳技术创新动力协同演化模型,将计算出的系统序参量有序度和确定的指标权重代入协同模型中,计算得到装备制造企业低碳技术创新动力两个子系统的有序度和复合系统的协同度。得出的内部子系统有序度、外部子系统有序度及协同度的运行结果见表 6.5。

表 6.5　装备制造企业低碳技术创新内外部子系统有序度及复合系统协同度

年份/年	内部子系统有序度 I	外部子系统有序度 E	协同度 SIM
2007	0. 072 8	0. 052 4	0. 054 7
2008	0. 096 2	0. 091 3	0. 085 9
2009	0. 151 5	0. 133 5	0. 075 3
2010	0. 219 7	0. 234 8	0. 116 8
2011	0. 262 3	0. 307 1	0. 179 2
2012	0. 359 9	0. 493 7	0. 204 9
2013	0. 485 5	0. 540 9	0. 251 7
2014	0. 517 9	0. 591 7	0. 331 5
2015	0. 542 2	0. 620 5	0. 412 4

年份/年	内部子系统有序度 I	外部子系统有序度 E	协同度 SIM
2016	0.582 7	0.663 1	0.581 8

2007 年到 2016 年装备制造企业低碳技术创新动力子系统有序度和复合系统协同度的变动趋势,内部动力机制子系统有序度、外部动力机制子系统有序度以及协同度都呈上升趋势。装备制造企业低碳技术创新内外部子系统有序度及协同度发展趋势,如图 6.3 所示。

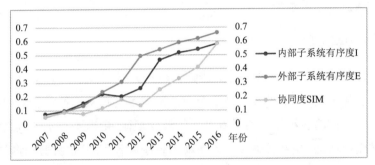

图 6.3　装备制造企业低碳技术创新内外部子系统有序度及协同度发展趋势

6.3.3　实证结果讨论

根据装备制造企业低碳技术创新动力复合系统协同度运行的结果,可以得出如下几方面的结论。

装备制造企业低碳技术创新动力系统的协同度整体呈现明显的上升趋势,表明了我国装备制造企业低碳技术创新内部外部复合系统从无序到有序的演化过程。

装备制造企业低碳技术创新动力系统的协同度呈现波动现象,说明我国装备制造企业低碳技术创新动力复合系统的长期协同演化机制尚未形成,装备制造企业低碳技术创新的协同演化效应不足。

在装备制造企业低碳技术创新动力复合系统的两个子系统中,2010 年以来呈现外部动力子系统有序度略高于内部动力子系统有序度,说明我国装备制造企业低碳技术创新动力系统的协同演化过程中,内部动力机制相比于外部动力机制,是比较弱化的,说明企业自身各方面投入不足,内外部动力机制的协同度不匹配,这也是对我国装备制造企业低碳技术自主创新意识不强的一种反映。

装备制造企业低碳技术创新动力机制作为一个复合系统,只靠政府单方面的资源投入,不足以带动整个系统运作的效用,因此,要充分发挥政府的引导作用机制,并依托市场作用机制,驱动资源的有效配置。增强政府和市场的协同作用机制,有效的激励装备制造企业增强自主创新意识,提高低碳技术创新的能动性,增强装备制造业低碳技术协同创新驱动力,进而可以提高我国装备制造企业低碳技术创新水平。

6.4　本章小结

本章运用自组织方法论分析了装备制造企业低碳技术创新动力系统自组织机制的演化过程,揭示了装备制造企业低碳技术创新从一种状态结构演变为另一种状态结构的自组织作用机制遵循的演变规律,指出了装备制造企业从事低碳技术创新活动,需要低碳技术创新动力系统内各子系统协同过程发挥的推动作用。同时,应用协同演化模型对我国装备制造企业低碳技术创新动力系统协同演化程度进行衡量,揭示了内部动力机制是低碳技术创新系统动力协同过程中较为薄弱的环节。我国大力提倡发展低碳经济,出台相关政策和构建创新平台来提升和改善低碳技术创新环境,但企业在低碳核心技术创新投入及装备开发生产能效上的动力程度远远小于外部动力作用程度,问题的症结主要在于内部创新意识的不足及内外部影响因素协同效应较弱。因此,为提高我国装备制造企业低碳技术创新动力机制协同程度,针对研究发现的问题,提出有益的保障建议,进而提升我国装备制造业整体低碳技术创新整体水平。

第 7 章
装备制造企业低碳技术创新动力机制运行的建议

保障装备制造企业低碳技术创新动力,需要协调和整合企业低碳技术创新过程中内外部影响因素间的作用关系,围绕企业低碳发展的目标,充分发挥政府的环境规制作用和市场的引导机制作用,激励和引导企业积极促进低碳技术创新能动性的提高,为企业低碳技术创新提供良好的制度环境和市场环境,创造企业低碳技术创新所需各项条件,增强企业的低碳技术创新动力,进而增强企业的市场竞争力。本章基于低碳经济创新生态系统理念,从整体到局部提出保障装备制造企业低碳技术创新动力机制的对策建议。

7.1 保障装备制造企业低碳技术创新动力机制运行的总体思路

7.1.1 完善装备制造企业低碳技术创新动力生态系统建设

通过前文对装备制造企业低碳技术创新的内部动力机制和外部动力机制以及内外部协同机制的研究,提升装备制造企业低碳技术创新动力的核心,在于充分协调好内部外动力机制及各影响因素间的作用关系。如果某一子动力机制或动力影响因素成为低碳技术创新的短板,那么装备制造企业低碳技术创新的动力机制也将难以有效运行。这对于装备制造企业发展的要求表现为企业低碳技术创新并不是装备制造企业的单一行为,而是与政府、法律、市场、科技、环境保护、社会文化理念、生活方式等衔接起来,从实际上形成了一种高效且低能耗的低碳循环生态系统。

生态系统是一个开放的、循环的系统,通过不断输入能量以维系它的稳定[267-270]。在一定时期内处于相对稳定的动态平衡状态。产业生态系统属于生态经济系统,它以生态系统承载能力为基础,以经济过程和生态功能为基本特征,形成具有高效的、和谐的网络化系统。生态系统与产业生态系统特性类比与可映射关系对比情况,如图7.1所示。

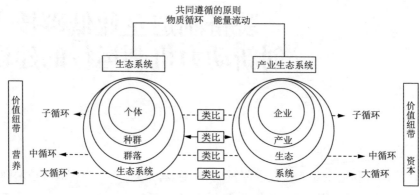

图7.1 产业生态系统映射图

构建装备制造企业低碳经济生态系统的核心思想是,通过类比对装备制造产业生态系统循环逻辑有所理解,使企业更加了解自身处于不同层级中的位置、循环价值,以及未来发展进程中可能存在的竞合关系与增量所在,便于快速开放并构建利于自身发展的生态合作环境。

我国装备制造企业低碳技术创新正经历从末端变革向低碳经济生态循环起点转变的过程,逐渐从技术中心向价值中心转变;从单向探索的低碳工业化思维向绿色思维转变;产业主体间正从上下游关系向合作共赢关系转变,低碳技术创新效果从无害化、减量化、稳定化向能源化、资源化、材料化转变,装备制造业产业生态化已成为必然趋势。因此,采取低碳经济生态系统图谱理念的方式构建装备制造企业低碳技术创新动力机制,即从低碳经济生态系统图谱理念出发,经过点到面再到体的构建过程,把控低碳技术创新各因素的作用关系,从而更好地发挥装备制造企业个体、装备制造业种群与群落及低碳经济生态系统各构成部分具体运行方式的作用,全面保障装备制造企业低碳技术创新动力的提升,如图7.1所示。

在低碳经济生态系统中,还涉及生态系统中的两个概念,群落与种群。群落是对某一自然区域内的具有相互关系的生物的总称,其基本特征包括群落中物种的多样性、生长形式和结构、优势度、相对丰盛度、营养结构等;种群是指在一定时间内占据一定空间的同种生物的所有个体。生态系统以种群为基本单位进行进化,对种群的研究主要是其数量变化与种内关系[262]。将群落与种群的概念引入低碳经济生态系统,有助于厘清装备制造企业在整个生态系统中的位置,以及与行业内企业、上下游企业间的竞合关系。

对于单个装备制造企业来说,如何在整个低碳技术创新系统中更好地发掘自身的核心价值,首先要以单个装备制造企业自我为中心进行独立的低碳技术创新,在此基础上装备制造企业要明晰与其外部环境各方的衔接关系,成为企业自身低碳技术因素中的关键节点。

对于装备制造企业这个群体,能够更好地发现装备制造产业内的领跑者,根据各企业自身战略搭建装备制造业低碳技术创新集群,可以实现企业低碳技术创新的外延式发展。在装备制造企业与低碳技术生态环境这个整体群落中各装备制造企业可以快速了解低碳技术创新的生态环境,并敏锐的感知影响装备制造企业进行低碳技术创新生态环境的变化,并随时做出应变,做出对自身最为有利的决策。生态系统与产业生态系统间的类比映射关系如表7.1所示。

表 7.1 生态系统与产业生态系统的类比映射

特性	生态系统——自然、科学	产业生态系统——构建、经济
开放性	为了维系自身的稳定,需要不断输入能量	通过能量流、物质流和信息流等的出入与周围环境相互关联
循环性	许多基础物质不断循环。一定时期内处于相对稳定的动态平衡状态	非一维循环,而是有多种物料和能量参加的多方位的循环
层次性	具有典型的食物链与符合规律的金字塔形营养层级	具有多层次、立体型的物质和能量利用与转换网络
本土性	区域耦合	在区域上与其所处的自然环境条件相协调,并与周围的产业组织进行协作
经济型	—	在降低环境压力的同时追求最佳的经济效益

续表

特性	生态系统——自然、科学	产业生态系统——构建、经济
演进性	伴随个体的多样性和复杂性而变化	通过产业结构的升级来表征。是产业发展的高级阶段
调节性	不借外力,依照最小耗能原理,自我调节内部结构和生态过程。	保障自我组织作用及演替方向,对外部干扰有足够的自我调节和缓冲能力

整个低碳技术创新的循环系统,该系统涉及政府、市场、科技、政策法规、环境保护及社会文化等诸多外部环境因素,在国家、政府的政策、观念引导下,通过市场机制的促进作用,科技研究支撑等各要素的协同作用,提升装备制造企业低碳技术创新水平,进而推进低碳经济发展的实现。

7.1.2 健全装备制造企业低碳技术创新动力机制保障维度

建立装备制造企业低碳技术创新动力机制就是要协调内外部动力机制及各影响因素之间关系以更好地发挥作用的具体运行方式。根据前文对装备制造企业低碳技术创新动力机制的内部、外部及协同三个维度的研究,针对性地提出保障装备制造企业低碳技术创新动力的内部、外部及协同机制的对策建议。其中,第一个维度是要采取健全企业内部管理制度、拓展低碳技术创新联盟渠道、整合企业内部优势资源、调整长期发展战略规划等内部动力措施;第二个维度是完善政府政策体系、市场引导机制、技术服务体系等外部动力措施;第三个维度是要在内部动力机制和外部动力机制中调动内部行为与政府、市场、生态等外部环境的适应度,以发挥出内外部影响因素的最大效用。装备制造企业低碳技术创新的具体作用传导路径,如图7.2所示。

装备制造企业低碳技术创新的思维,要兼顾市场需求、政府规制与生态环境需求。装备制造企业技术创新动力同样要考虑资源与成本的平衡问题,一方面装备制造企业要确保能源供给,加速低碳能源转型,积极参与环境污染的治理;另一方面,企业在转型的过程中要兼顾成本,应对价格冲击,降低成本,加速低碳技术创新转型。但这两者的目标并不矛盾,通过合理利用装备制造企业低碳技术创新的"动力三角",即可实现"二维兼顾"的目的。从产出的角度,要确保能源供给,治理环境污染,可以考虑在能源开发的同时,适度依赖政府政

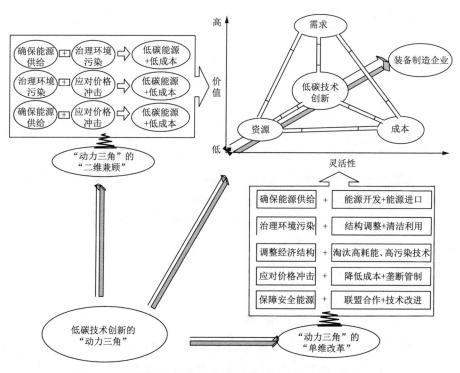

图 7.2　装备制造企业低碳技术创新动力机制传导路径图

策支持，以能源进口作为辅助过渡；从投入的角度，要应对价格冲击，保障安全能源，调整经济结构，就需要淘汰高耗能、高污染技术，降低成本，加上外部支持力量，加强垄断管制，促进联盟合作，实现技术改进。建立装备制造企业低碳技术创新动力机制就是要协调内外部动力机制及各影响因素之间关系以更好地发挥作用的具体运行方式。根据前文对装备制造企业低碳技术创新静态结构方面的讨论，包括内部动力机制影响因素及影响因素间作用关系和外部动力机制影响因素和影响因素间作用关系的分析，以及对装备制造企业低碳技术创新动态系统方面的讨论，即装备制造企业低碳技术创新系统协同演化机制中对系统自组织运行和系统中的内部动力机制、外部动力机制协同演化运行的分析，有针对性地提出保障装备制造企业低碳技术创新动力机制的建议。

7.2 保障装备制造企业低碳技术创新内部动力机制运行的建议

在装备制造企业低碳技术创新动力内部动力机制保障路径设计基础上,提出相应的对策建议,保障装备制造企业低碳技术创新内部动力。以装备制造企业低碳技术创新"动力三角"为核心,提出以装备制造企业自身为主体的低碳技术创新内部动力机制保障建议。根据装备制造企业低碳技术创新内部动力机制研究结果,交易成本与企业低碳技术创新、交易成本与企业效率边界、资源基础与企业低碳技术创新、资源基础与企业效率边界间均存在正相关关系;交易成本对低碳技术创新有积极作用;资源基础对低碳技术创新有积极作用;交易成本与资源基础因素对低碳技术创新的效果具有强化引导作用;竞争性联盟与二元领导行为可以显著正向调节交易成本与资源基础对低碳技术创新的引导效果。

基于以上分析,分别从以下几个方面提出建议:一是重视装备制造企业低碳技术创新过程投入的重要作用,重点关注投入哪些资源、投入量的标准,可得到的回报问题;二是强化优势资源对装备制造企业可持续经营的保障,这就要求装备制造企业管理者首先要明确企业自身具备的条件优势如何,有利资源如何,市场竞争力如何,进而不断调整发展战略保障企业的可持续经营;三是完善装备制造企业领导者低碳技术思维的培养机制以及员工的动力目标导向机制,推动技术知识创新与扩散,配备合理的长效激励机制,提升员工个人发展动力。具体可落实到健全装备制造企业内部管理制度、拓展低碳技术创新联盟渠道、整合装备制造企业内部优势资源、调整长期发展战略规划等,从低碳技术创新联动网络的角度提出保障装备制造企业低碳技术创新内部动力的对策建议,总体思路如图 7.3 所示。

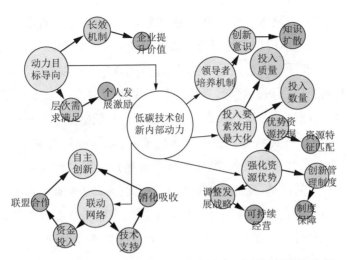

图 7.3 装备制造企业低碳技术创新内部动力机制保障路径

7.2.1 优化装备制造企业低碳技术创新资源投入

要素市场存在着不完善性,这种不完善性是导致企业间的资源选择及配置产生差异的主要原因。关键资源的获取、模仿以及替代的障碍体现出要素市场的不完善性。因此,如果当战略要素市场存在这种不完善性时,就会产生阻碍资源流动的边界,并造成相互竞争的企业在资源分配上呈现不对称的现象。

根据前文研究,明确装备制造企业的特征表现为技术资本密集、生产关联效应、生产技术含量及附加值高,品牌与服务的市场导向明显,企业发展与生态环境相协调以及对政府相关法律法规及规章政策反应敏感。不管装备制造企业选择低碳技术创新动力的目的来源于其动力属性哪个层次,都必须面临大量资源投入问题。而装备制造企业低碳技术从研发到应用的设计周期一般较长,资金投入大但回收慢,这对装备制造企业可持续经营与利润最大化目标来说,是不可回避的问题。但通过对装备制造企业低碳技术创新内部动力机制的研究发现,装备制造企业低碳技术创新行为与交易成本正相关,且交易成本越大获得的低碳技术创新效果越好。因此,装备制造企业要想提高低碳技术创新效率,需要付出大量的交易成本,这对企业来说是一个机会成本问题,一些企业会为了当前经营效果及利润因素的考虑,选择节约低碳技术创新成本,根据前述的研究发现,这可能会对装备制造企业低碳技术创新效率产生负向影响。

基于以上分析,装备制造企业在进行低碳技术创新的过程中会出现资源投入和利润产出的矛盾问题。这就要求装备制造企业在资源投入方面进行优化:首先,要明确企业现有的低碳技术创新资源有哪些,并对现有资源进行分析,将优势资源与劣势资源进行区分,明确两种类型资源的占比。其次,将优势资源与劣势资源进行整合,尽量扩大优势资源在本企业低碳技术创新资源投入过程中的占比,充分发挥优势资源投入带来的效益,以弥补劣势资源带来的阻碍。再次,突破企业个体资源投入壁垒,引导企业通过战略联盟的形式实现该企业间优势资源投入的联动,通过战略联盟的方式装备制造企业可以借助盟友的优势资源实现本企业的资源补缺,同时,装备制造企业间资源投入的联动效应在解决资源投入优化问题的同时,会提高各企业间低碳技术创新的协作程度,进一步促进整个行业的低碳技术创新。

7.2.2 发挥现有资源优势作用加大低碳技术研发力度

从投入产出的视角出发,装备制造企业的期望是使得每一个投入因素都发挥最大效用,获得最大产出价值。通过我国装备制造企业低碳技术创新内部动力机制研究发现,资源基础与低碳技术创新效率呈正相关关系,低碳技术创新在资源基础与企业效率边界关系中起完全中介的作用。由此可以推断出,合理利用资源基础是对装备制造企业低碳技术创新行为有积极影响的,并且能够使企业达到期望的效率。

我国装备制造企业低碳技术创新的实践也显示,现阶段我国装备制造企业在低碳技术创新投入过程中遇到的一个比较突出的障碍是资源利用效率问题。例如,现代科技发展缩短了新技术产生的时间周期,但相关基础设施建设确仍需花费一定时间。通常情况下装备制造企业生产所需的能源设备和基础设施使用时间较长且前期投入较高,这就出现了新技术与旧设备的兼容问题。若频繁更替基础设施会造成大量的资源浪费。所以有时会出现虽然已经研发出更高效、更节能的新技术,但是政府、企业、供应商以及现有基础设施存在的正反馈系统可能出于某一方面的考虑,仍然选择维持现有技术,这便影响了新技术的应用推进。再如,装备制造企业低碳技术创新与市场之间存在天然的反馈机制,当装备制造企业选择一部分资源作为投入时,技术方向必然按照这些资源的特征表现来发展,进而进入市场检验阶段,在没有大的外部条件冲击下,市场对这种技术依赖程度会变得很高,即使再有其他技术进入,市场也需要较长过渡时间来接受。尤其是我国装备制造企业,企业性质多为大型国有资本控股,主营项目也多关系到社会民生和国家武器装备核心力量,这就导致装备制造企业会受到一定上层意识限制、区域限制、行业特殊性限制及技术壁垒保护的限制,尽管存在强劲的市场竞争对手,但大多装备制造企业仍会停留在比较安全的生存环境中,不会受到较大的市场行为冲击,生产效益相对较为稳定。

基于以上分析,我国装备制造企业低碳技术创新在投入的资源基础方面要更加重视,并加以强化。无论是企业盈利的可持续经营,还是所处生态环境的可持续发展,装备制造企业必须在低碳技术研发过程中考虑到投入的资源基础因素,要确保投入资源能够发挥最大效用,且资源的投入是有价值的。这就需要装备制造企业对内部的优势资源进行整合梳理和评估,从资源、资金、人才等方面加大低碳技术研发力度,并且结合企业未来发展战略和市场发展定位,强化优势资源对装备制造企业可持续经营的保障程度。

从资源方面来说,装备制造企业要对现有资源进行评估,将优势资源作为资源投入的重头部分。以发电企业为例,风能、太阳能等清洁能源与传统化石能源相比属于优势资源,装备制造企业在能源使用时应尽可能发挥此类优势资源的作用,逐步减少化石能源的使用甚至完全替代化石能源的使用。

从资金方面来说,装备制造企业中很多企业多为大型国有资本控股,其资金储备中国有资本占比较高,虽然资金储备相对比较有保障,但是这一特性直接导致装备制造企业会受到一定上层意识、区域及行业特殊性的限制。这一系列的限制对装备制造企业低碳技术创新选择的自主性产生一定程度的阻碍。因此装备制造企业应逐步提高非国有资本的比例,充分吸引社会资金甚至国外资金的投入,这样能够在很大程度上激活现在相对僵化的装备制造企业资金来源渠道,从而激活装备制造企业低碳技术创新意愿,推动装备制造企业低碳技术创新的快速发展。

从人才方面来说,人才作为装备制造企业低碳技术创新最活跃的因素,其对装备制造企业低碳技术创新的影响巨大。因此应加大低碳技术人才的培养力度,建立企业内部以及企业间联合培养低碳人才的机制。同时应将低碳人才的培养机制与使用机制相结合,让低碳技术人才学有所用,能够在装备制造企业中真正地发挥其价值。同时要建立低碳技术人才的竞争与淘汰机制，当前装备制造企业中存在着大量高职称人员，但是在低碳技术创新飞速发展的今天，很多人已经不再掌握前沿的低碳技术，这就要求装备制造企业充分发挥人才竞争和淘汰机制，将真正的低碳技术人才推向一线，以保证人才作为优势资源的作用。

7.2.3 提升装备制造企业领导者低碳技术创新培养机制活性

领导是组织行为学中重要的企业职能之一。领导能力思维意识与行为偏好直接关系到企业整体的行为决策和战略发展走势。装备制造企业发展环境的复杂性和企业自身特征使企业对领导的需求越来越迫切。如果说低碳技术创新研发人员是影响装备制造企业低碳技术创新过程的直接因素，那领导就是这一直接因素的引领者、风向标。装备制造企业的领导一方面要具有能够有效管理和带领团队的能力；另一方面要具有能够响应政府政策、正确认知事物发展形势及自主创新意识、顺应变革的能力。

一方面，从领导者对低碳技术创新人才的管理角度分析，应该重视企业内部人才激励制度的积极作用。合理的人才激励制度，可以达成有效管理的组织目标，提升企业的价值，同时满足员工的层次需求，实现个人发展的价值。因此，对装备制造企业低碳技术创新人员进行长效激励，用合理的激励制度对低碳技术人才的行为形成目标导向的作用，使得低碳技术创新内部动力作用充分发挥出来。

另一方面，根据前述研究中将二元领导行为定义为交易型领导与变革型领导两个维度。其中，交易型领导主要通过既定目标指导并激励下属；变革型领导主要通过高层次需求来激发下属。当领导者进行二元领导行为时，通过领导者的鼓励和个性化关怀使个体的需要层次被激发出来，充分调动企业员工积极性，充分发挥自身潜能，在领导目标的带领下，积极进行低碳技术创新，同时促进了企业效率边界。对于我国装备制造企业，固有的成熟技术需要与不断发展的市场需求与国家经济发展政策导向保持一致，装备制造企业肩负着承担国家核心竞争力、核心技术与经济增长的重任，领导者需要积极响应国家政策号召，以生态环境可持续发展为己责，不但要激励技术人员进行低碳技术创新，还要兼顾低碳发展战略。

通过装备制造企业低碳技术创新内部动力机制的实证研究发现,综合变革型领导和交易型领导的二元领导行为可以在企业效率边界的实现过程中起调节作用。因此,企业内部有必要对领导者低碳技术思维培养机制进行完善,充分重视企业领导者对低碳技术创新效果的关键作用,利用好企业领导在企业生存目标、发展目标、生态目标与系统目标四大目标导向与低碳技术研发人员个人发展目标中的传导、衔接作用,有利于增强员工对企业经营发展价值观的认同,有利于提高员工的工作质量、工作态度和工作效率。

7.2.4 搭建装备制造企业低碳技术联动创新网络

装备制造企业在进行低碳技术创新的过程中要避免封闭的发展模式,各企业间要通过有效且高效的互动促进低碳技术在企业之间进行流转。高效的装备制造企业要加大对低碳技术创新资金的投入力度,在足够的资金保障的基础之上逐渐提高低碳技术创新资金在企业销售收入中所占的比重,以使企业的低碳技术创新能力得到不断的增强。装备制造企业要提高低碳技术的原始创新意识,一方面要聚集各方面力量攻坚一些重要的低碳技术,实现突破性创新;另一方面要加大低碳技术基础研究投入。

装备制造企业要通过引进低碳技术、消化吸收、合资合作等途径提高低碳技术水平。要通过技术转让、技术合作等多途径积极引进国外先进低碳技术,在使用引进技术的同时积极开展学习研发,通过消化吸收将引进的国外先进低碳技术转化为企业自身的优势技术,形成自主创新能力,进而形成自主知识产权。装备制造企业通过合资合作建立自己的研究院所、设计公司,通过独立的研发实现企业的低碳技术创新。或通过资助科研机构及高校的科研项目与科研机构和高校建立有效的合作模式,与科研机构和高校联合建立企业的低碳技术开发中心,研究和掌握关键的低碳技术,将高校和科研院所的应用研究投入实际应用当中以提高企业的低碳技术创新能力。

7.3 保障装备制造企业低碳技术创新外部动力机制运行的建议

根据装备制造企业低碳技术创新外部动力机制研究结果,政府环境对装备制造企业行为的引导规制、市场的竞争与需求作用机制以及科学技术的引领全面推动装备制造企业走向低碳技术创新之路,促进装备制造企业动力机制的运行。从装备制造企业延伸到整个产业,形成整个装备制造业的低碳技术创新外部动力机制,由企业个体上升到产业群体,从政府规制、市场机制及技术发展几方面,组建装备制造业低碳技术创新外部动力的环境网络,为整个装备制造业内企业的低碳技术创新提供支持与保障。从这几方面提出保障装备制造企业低碳技术创新外部动力的对策建议,如图 7.4 所示。

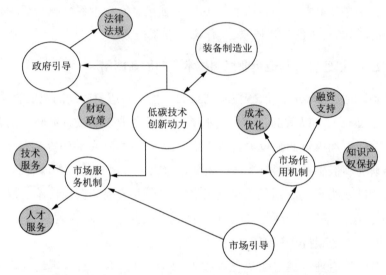

图 7.4　装备制造企业低碳技术创新外部动机制保障路径

7.3.1　增强政府对装备制造企业低碳技术创新行为政策引导与支持

相较于采用传统生产技术,装备制造企业低碳技术是更为复杂和长期的工程,研发和生产成本更高,面临的风险更大,需要政府法律法规的约束和相关政策的大力支持[271]。目前装备制造企业低碳技术创新尚存在一定政策领域的障碍,如国家节能减排与地方经济发展的目标相悖,国家总的经济发展战略主要是以适当的经济增长速度促进经济结构转变,实现资源、环境与经济社会的全面协调可持续发展,但地方发展中,往往由于过度追求 GDP 高速增长而对节能减排不重视,甚至有些地方政府会对环保部门的环评和执法保持消极态度;另外当前我国相关的市场化手段和经济措施尚不完善,阻碍了低碳技术的推广,一些税收、政府补助、金融机构扶持以及相应的价格形成机制尚缺乏,比较零星、分散。因此,在我国发展装备制造企业低碳技术创新的活动中,加强有关

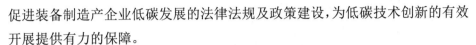

促进装备制造产企业低碳发展的法律法规及政策建设,为低碳技术创新的有效开展提供有力的保障。

政府对装备制造企低碳技术创新行为进行规制,需要逐步完善促进装备制造企业低碳化发展的政策法规。从财政和税收政策层面上对装备制造企业低碳技术创新进行支持和规范[272],激励企业创新的积极性。只有将这些政策法规具体细化到碳减排、碳交易、配额交易等更为具体而细分的领域,才能保障法律法规的有效执行,才能真正发挥出各项政策的引导作用。

运用法律法规,严惩和关停碳减排不达标、节能环保不达标的企业,保障实施低碳技术创新的装备制造企业的合法权益。通过财政转移支付制度,加大政府对装备制造企业低碳技术研发投入的资金支持力度,同时对淘汰落后产能、工艺升级改造的企业给予更大的财政支持和奖励。并鼓励高水平院校和科研机构积极为企业输送低碳技术研发所需的高尖端人才和研发成果。还可以通过税收、土地等优惠政策,加大对低碳装备产品的补贴力度,并实施消费补贴等政策,进而增强低碳装备产品的使用功能,从而保证低碳化发展的可持续性。

7.3.2 强化装备制造企业低碳技术人才培养和市场服务的保障功能

(1)培养和建设装备制造企业低碳技术人才队伍

只有拥有了掌握先进低碳技术的科技人才,才能实现创新的突破性进展。因此,亟须加强低碳人才队伍的培养和建设,以满足装备制造企业低碳技术创新的发展需求。

一是加强低碳化生产生活方式的引导,营造良好的低碳技术人才培养氛围。装备制造企业低碳技术的创新活动,需要政府各部门进行强有力的宣传引导,如通过印发各类节能手册,向人们普及宣传低碳理念等内容,引导人们养成节约循环利用的生产消费观,逐渐将现有的高碳化生产生活方式转向为绿色、低碳化的生产生活方式,进而为低碳人才培养提供良好的社会环境。

二是鼓励高等院校增设可再生能源等相关低碳技术专业,及建立联合培养模式,大力培养低碳人才。一方面高等院校要以培养低碳人才为己任,培养具有低碳理念、低碳技术创新精神的高端复合型人才和科研人才;另一方通过与国外高水平教育机构、科研机构建立合作,培养具有国际视野的高水平低碳技术科研人才和实践能力的高技术人才。此外,还可以将潜在的具备相应低碳技术知识技能的科技人才转化为低碳技术人才。

（2）健全低碳技术市场，完善其服务功能

低碳技术市场为装备制造企业低碳技术创新活动提供各种技术信息服务，对企业实施低碳技术创新起着极为重要的作用，为提高装备制造企业低碳技术创新动力提供有力支撑。完善低碳技术市场及其服务功能是保障装备制造企业低碳技术创新动力机制有效运行的重要手段和措施。

一是进一步健全和完善低碳技术交易市场，大力发展各低碳技术交易中心等服务机构，加强对低碳技术转移及孵化等各类低碳信息的收集和扩散，提供低碳技术交易、低碳产品展示等各类专业化服务，从而保障低碳技术拥有充分有效的技术交流和交易市场。

二是加快推进低碳技术咨询、信息等装备制造低碳服务业的发展，为装备制造企业低碳技术创新提供相关低碳技术研发、低碳技术成果、低碳项目融资以及低碳项目推广等相关咨询服务，以满足装备制造企业进行低碳技术创新发展的需求。同时，加快推进法律服务机构在低碳技术交易领域的发展，为其发展提供相关的法律服务，以保障低碳技术市场的有效运作。

7.3.3 优化装备制造企业低碳技术创新的市场作用保障机制

优化装备制造企业低碳技术创新的市场作用保障机制，主要从充分发挥市场作用保障机制和优化低碳技术创新的金融服务市场保障机制两方面着手，增强市场保障机制对装备制造企业低碳技术创新的推动作用和拉动效应。

（1）充分发挥市场竞争和市场需求效应的保障机制

一是降低交易成本，增强市场竞争力。由于低碳技术的关联性很强，装备制造企业实施低碳技术创新过程中会遇到各种难题，通常一项低碳技术的创新会涉及装备制造企业相关的上下游企业的重大利益，而通过扩大企业间的合作创新则有利于降低低碳技术创新的高风险，并减少高资本投入的阻力，同时，还有利于低碳技术转换成本的降低，以及低碳技术传播扩散成本的降低，从而降低了总交易成本，增强企业在市场上的竞争力，进行形成良性循环效应，促使企业不断增加低碳技术创新的动力。

二是培养低碳生产消费观念，增强市场需求。低碳技术创新是实现低碳经济发展的核心。通过树立绿色低碳的发展观，倡导低碳化生产消费观，不断丰富低碳文化,帮助人们逐步形成节能环保意识和低碳的消费理念,从而养成绿色低碳的生活方式,不断提高对低碳产品的认可和选择,促使低碳产品市场需求量大幅增加。以追求自身利益为目标的装备制造企业,会受到市场需求的直接刺激而产生实施低碳技术创新的巨大动力,并形成经济效益的良性循环效应。

（2）优化低碳技术创新的金融服务市场保障机制

装备制造企业需要投入大量资金进行低碳技术研发、生产,政府财政补贴不足以支撑整个研发生产过程,因此,需要拓宽企业低碳技术创新的所需资金的来源渠道,这就需要建立和完善装备制造企业低碳技术创新融资机制,进而形成多元化的融资服务体系。

一是加强低碳创新的金融服务意识,建立健全企业低碳技术创新的投融资服务平台。增强碳金融服务人员的低碳意识和提高其服务水平,并通过低碳金融激励机制,为低碳技术创新提供金融服务,有效解决装备制造企业低碳技术发展融资难的问题。如苏州工业园区首先创立了低碳节能贷的风险补偿资金池,通过放大银行信贷资金,为该园区企业开展低碳创新和低碳生产提供了资金保障。

二是要培育碳金融服务机构,构建多元化碳金融服务体系和服务产品。保障碳交易平台有效发挥其功能,积极推行绿色信贷政策,加大对低碳技术创新企业的信贷投放,形成多元化的碳融资服务体系,保障装备制造企业低碳技术创新的融资需求。同时,构建多元化的碳金融服务体系还需要不断创新和丰富碳金融服务产品种类,有效增加其服务范围和服务功能,如开发碳证券、碳期货等,满足企业低碳技术创新的融资需求。

7.4 保障装备制造企业低碳技术创新系统整体运行的建议

动力生态系统的设计思想是,将装备制造企业个体家族与装备制造产业分类放置于同一生态系统空间中,构造装备制造企业低碳技术创新内部动力机制与外部动力机制协同演进的关系。基于此,可以给出该动力系统内外部动力的具体保障机制,钩稽出各动力机制的协同效应,进而形成装备制造企业低碳技术创新的生态系统,如图 7.5 所示。

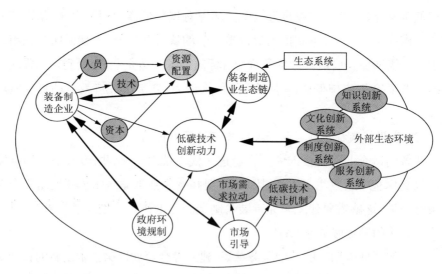

图 7.5 装备制造企业低碳技术创新动力系统保障路径

7.4.1 强化政府激励政策引导与装备制造企业行为决策的协同效应

稳步推进政府政策激励机制,加大低碳文化创新倡导力度,促进低碳化发展的文化精神和价值观的形成,进而引导装备制造企业增强低碳技术创新意识,强化两者的契合程度,从而提高政府与企业在创新意识与创新文化、创新行为上的协同效应。

政府倡导低碳发展理念与企业低碳创新意识的协同发展。人是低碳技术创新活动的主体,其思想意识决定其行为选择。通过先进的低碳发展理念,引导和激发低碳技术创新行为。因此,政府应加大力度来倡导低碳文化、低碳生产生活观念和方式。例如,政府可以通过相关法律法规的健全来规制企业进行低碳生产;通过政府公益广告、宣讲等方式向社会推广低碳生活方式及低碳发展的优势;通过政府举办的国际低碳技术创新相关博览会等方式为企业和消费者搭建接触国际先进低碳技术、低碳产品的平台等方式来促进政府倡导低碳发展理念与企业低碳创新意识的协同发展。

政府的作用要呈现先逐渐加强后逐渐减弱的趋势,当企业和消费者的低碳意识尚不健全时,政府通过各种手段和方式促进企业和消费者低碳发展意识和低碳消费意识的形成。推动企业自身增强低碳创新意愿并培养消费者选择低碳产品的偏好。政府倡导的作用尤其是对企业低碳创新的驱动作用尤为显著,政府发展低碳经济、绿色经济的行为国家的发展确定了宏观的方向,为企业的发展提供了现实的方向,促使装备制造企业低碳技术创新得到全面推进。但当低碳发展理念被社会广泛接受以后,政府的倡导力度要适时作出调整,政府要将重点从倡导低碳发展理念方面转到监管和规制低碳发展方面上来。

政府激励政策与企业低碳技术创新行为的协同发展。政府通过碳税政策、碳交易等环境规制的作用,提高装备制造企业低碳技术创新的投入能力、研发能力和生产能力。政府应根据现实情况适时调整碳税的征收额度,通过不同强度的税收政策引导企业进行低碳技术创新,并对积极进行低碳技术创新的装备制造企业实行碳税税收减免等优惠措施。政府还应当加快碳排放权交易市场的完善工作,建立更为科学的碳排放交易制度,在科学的碳排放交易制度下,建立规范、健全的碳排放交易市场,让装备制造企业间的碳排放权交易规范、有序地进行。同时,政府政策激励行为为企业低碳技术创新活动提供物力、财力、人力等方面的支持及环境规制监管,进而有利于增强装备制造企业低碳技术创新能力。

装备制造企业要注意低碳技术市场需求与政府激励政策的协调关系。根据我国装备制造企业生产实践,在实际低碳技术研发过程中,装备制造企业为之付出大量的资金、物耗及人力资本,装备制造企业大量投入的根本在于生产盈利,而盈利的根本是符合市场需求,只有买方市场的需求增长,这样的低碳技术创新价值才能充分发挥。虽然国家倡导我国装备制造企业低碳转型,提出绿色制造发展战略,但不能单方面迎合政府激励政策,还需加入市场的实际需求,只有处理好低碳技术市场需求与政府激励政策的协调关系,装备制造企业低碳技术创新动力机制才能充分发挥作用,我国装备制造企业才能持续发展壮大,同样,只有不断向好发展的装备制造企业才能更有能力,也更有动力响应国家号召,加快装备制造业创新变革。

7.4.2　提升低碳技术市场服务与装备制造企业自主创新的协同动能

虽然我国低碳技术研发和应用成效显著,但当前及今后一段时间仍面临低碳关键技术的进一步突破和提升的难题。对装备制造企业来说,要想进一步提升和突破该难题,就要明确低碳技术及企业投入能力的匹配关系,提升自主低碳技术创新能力。

一是,健全和完善低碳技术市场服务功能,增强低碳技术与装备制造企业低碳技术创新投入能力相匹配的渠道。低碳技术是装备制造业企业实现低碳创新和发展的关键,其发展水平的高低,直接影响企业低碳技术创新能力。低碳技术水平越高,低碳技术市场服务和转让机制越健全,则促进装备制造企业低碳技术创新投入能力提高;反之,低碳技术水平越低,低碳技术转让机制越低效,就会制约企业低碳技术创新活动。完善的低碳技术市场服务功能为企业低碳技术创新提供有力的支撑,为装备制造企业低碳技术创新提供可依据的低碳技术标准。

二是,增强自主创新能力,进行低碳技术自主创新机制设计,在激烈的市场竞争中抢占低碳技术制高点,提升装备在制造企业自身竞争力。具体地,可通过拥有自主知识产权的核心技术,在装备制造企业低碳技术创新投入能力范围内,提升集成创新、引进技术再创新等各环节创新效率,对传统低碳技术领域进行突破,并遵循低碳技术创新引导机制,更好地将科研单位及其他企业等关联主体融入关系网络中,促使低碳技术与市场的有机结合,充分考虑市场需求,选择合适的低碳技术创新路径。

7.4.3 加强市场作用机制与企业低碳技术创新的协同

完善低碳技术市场服务体系,充分利用市场机制,增强市场作用机制与装备制造企业低碳技术创新能力的协同效应,是必要的。装备制造企业低碳技术创新不仅要依靠政府的政策扶持和引导,还要充分发挥市场作用机制,就是要健全低碳市场服务体系,增强市场需求拉动机制作用,逐步改善市场竞争压力的恶化环境,促进企业与企业之间的创新合作,通过市场机制驱动资源配置,驱使资本、低碳技术、创新人员等资源的整合,从而有效增强创新的产出能效,进而提升装备制造企业整体的低碳技术创新能力。

7.4.4 推动低碳技术创新与生态环境协同演进

装备制造企业低碳技术创新动力系统在自身演化的同时,还与系统外部环境产生交互作用,也就是与整个生态环境实现协同发展,即与低碳知识技术创新系统、低碳制度创新系统、低碳文化创新系统以及低碳服务创新系统相互融合,共同发展,最终达到协同状态。在装备制造企业低碳技术创新演化过程中,通过实现与低碳知识技术创新系统的协同,积累了深厚的科学研究实力,为低碳技术创新提供了有效保障;装备制造企业低碳技术创新通过与低碳文化创新系统的协同,其在低碳发展理念、低碳发展观上获得了低碳文化创新的有力支持,从文化意识层面上引导人们对低碳理念的认可和低碳化生活方式的接受;装备制造企业低碳技术创新通过与低碳制度创新系统的协同,通过对产权制度、产业政策、管理机制等制度体系方面的不断完善,逐渐消除创新的制度障碍,降低创新的制度成本;通过与低碳服务创新系统协同,在低碳技术创新过程中有效地扩散和推广了低碳技术和低碳产品,方便装备制造企业低碳技术的合作和交流,降低企业低碳技术研发风险。因此,装备制造企业低碳技术创新动力系统与整个生态环境系统的协调发展与协同演进,进而保障其动力机制的有效运行。

7.5 本章小结

本章从装备制造企业自身、装备制造产业到低碳技术创新生态系统进行分析,就是要协调好企业、人才、资源、政府、市场、科技间的相互作用关系,充分发挥政府引导作用机制,并依托市场机制,充分发挥资源的有效配置,有效激励企业发挥自主创新意识,提高低碳技术创新的能动性,优化内外部动力作用机制,增强协同效应和企业自主创新能力,进而提高我国装备制造企业低碳技术创新的整体水平。

结　论

为进一步提升装备制造企业低碳技术创新动力机制,充分发挥装备制造企业低碳技术创新各影响因素能动性及协同效应,保障装备制造企业低碳技术创新动力,推进低碳经济发展,对装备制造企业低碳技术创新动力机制影响因素及影响因素之间的作用关系、低碳技术创新动力系统运行规律展开系列研究,得出如下结论。

结论一:确定装备制造企业低碳技术创新动力机制的研究结构,划分为装备制造企业低碳技术创新内部动力机制和外部动力机制及动力系统协同演化机制三部分。通过对装备制造企业低碳技术创新动力机制涉及的关键概念和理论基础进行分析、对装备制造企业低碳技术创新动力属性及作用机理的探讨,最终确定其动力机制整体研究框架,从装备制造企业低碳技术创新动力机制影响因素、影响因素之间的作用关系、动力系统运行的协同演化规律展开。

结论二:装备制造企业低碳技术创新动力机制的影响因素研究是整个动力机制研究的理论基础与关键。装备制造企业低碳技术创新动力机制影响因素分为装备制造企业低碳技术创新内部动力机制和外部动力机制的影响因素。在对装备制造企业低碳技术创新内部动力机制和外部动力机制影响因素识别的基础上通过分析装备制造企业低碳技术创新的动力及其作用,揭示装备制造企业低碳技术创新动力机制影响因素的作用机理,能够为开展动力机制具体研究奠定理论基础,并提供逻辑指导。

结论三:在我国装备制造企业低碳技术创新内部动力机制中,交易成本和资源基础是能够触发装备制造企业低碳技术创新的直接动力影响因素,具有显著的正向驱动作用,在这一驱动过程中,行业中的竞争性联盟关系及企业领导的二元特征都会显著调节交易成本与资源基础对装备制造企业低碳技术创新的影响效果;而企业效率边界是装备制造企业低碳技术创新的动力影响变量,并且企业效率边界是装备制造企业低碳技术创新动力机制影响因素作用效果检验的有力证明。

结论四:在装备制造企业低碳技术创新外部动力机制中,政府环境规制、技术水平以及市场机制等外部环境对装备制造企业低碳技术创新有重大的影响,动力机制因素共同作用促使装备制造企业在一定下条件选择实施低碳技术创新,其中政府环境规制对低碳技术创新具有引导作用,技术水平和市场竞争加大推动低碳技术创新的步伐,而市场需求对装备制造企业实施低碳技术创新起到了最为直接的促进作用。

结论五:在装备制造企业低碳技术创新动力系统运行过程中,依据装备制造企业低碳技术创新动力系统协同演化模型,得出创新动力系统的协同演化程度及演化规律。虽然内外部协同演化机制的作用在逐年增强,但外部动力机制协同度略高于内部动力机制的协同度,说明内部动力机制是存在不足的,反映了企业自主创新意识有待提高,需要政府引导和支持,并注重发挥装备制造企业低碳技术创新内外部动力的协同效应。

结论六:为保障我国装备制造企业低碳技术创新动力机制的有效运行,按照从整体到局部的逻辑,提出保障装备制造企业低碳技术创新内部和外部动力机制运行以及构建多边共生生态圈的建议。从企业、产业到低碳技术创新生态系统的角度来说就是需要协调好企业、人才、资源、政府、市场、科技之间的相互作用关系,重视低碳技术创新投入成本、强化优势资源对可持续经营的保障、完善企业领导的培养机制、搭建企业低碳技术联动创新网络;增强政府政策引导、强化企业低碳技术人才培养和市场服务的保障功能、优化装备制造企业低碳技术创新的市场作用保障机制;强化政府激励政策、企业低碳技术创新投入能力、市场作用机制以及生态环境与企业低碳技术创新的协同。

对我国装备制造企业低碳技术创新动力机制问题研究的难点在于区别技术创新动力机制与创新机制的不同,技术创新动力机制是可落实到实践技术研发环节的生产过程管理问题,而创新机制是要接受市场检验的结果导向问题,创新实效是具有不确定性的。需要注意的是,并不是所有的技术创新研发都能达到创新的实效。虽然一直以来关于创新机制问题的研究成果很多,但将技术创新动力区别于创新机制问题的研究仍处于理论探索阶段。后续研究应重点关注不同技术领域装备制造企业的低碳技术创新动力机制问题,从属不同专项技术的装备制造企业的特征表现依然存在差异,具体深入探讨不同装备制造技术领域企业的低碳技术创新动力机制,对装备制造业整体低碳技术创新水平提升具有重要指导意义。

参考文献

[1] Campiglio E. Beyond carbon pricing: The role of banking and monetary policy in financing the transition to a low-carbon economy[J]. Ecological Economics, 2016, 121(12): 220-230.

[2] Alonso P M, Hewitt R, Pacheco J D, et al. Losing the roadmap: Renewable energy paralysis in Spain and its implications for the EU low carbon economy[J]. Renewable Energy, 2016(89): 680-694.

[3] Cooper M. Renewable and distributed resources in a post-Paris low carbon future: The key role and political economy of sustainable electricity[J]. Energy Research & Social Science, 2016(19): 66-93.

[4] Bridge G, Bouzarovski S, Bradshaw M, et al. Geographies of energy transition: Space, place and the low-carbon economy[J]. Energy Policy, 2013, 53(1): 331-340.

[5] Foxon T J. A coevolutionary framework for analysing a transition to a sustainable low carbon economy[J]. Ecological Economics, 2011, 70(12): 2258-2267.

[6] Zimmer A, Jakob M, Steckel J C. What motivates Vietnam to strive for a low-carbon economy? — On the drivers of climate policy in a developing country[J]. Energy for Sustainable Development, 2015(24): 19-32.

[7] Raven R, Kern F, Smith A, et al. The politics of innovation spaces for low-

carbon energy: Introduction to the special issue[J]. Environmental Innovation & Societal Transitions, 2016, 18(3): 101-110.

[8] Sgouridis S, Csala D. A Framework for defining sustainable energy transitions: principles, dynamics, and implications[J]. Sustainability, 2014, 6(5): 2601-2622.

[9] Urban F. China's rise: Challenging the North-South technology transfer paradigm for climate change mitigation and low carbon energy[J]. Energy Policy, 2018(113): 320-330.

[10] Tomas A Weber. Carbon markets and technological innovation[J]. Journal of Environmental Economics and Management, 2010(46): 105-132.

[11] Uyarra E, Shapira P, Harding A. Low carbon innovation and enterprise growth in the UK: Challenges of a place-blind policy mix[J]. Technological Forecasting & Social Change, 2016(103): 264-272.

[12] Vincent D. Devising and implementing incentives for low carbon technology innovation and commercialisation - a perspective drawn from Carbon Trust experience[C]. Eic Climate Change Technology. IEEE, 2007: 1-7.

[13] Steffens S, Veillard N R, Arnaud C, et al. Low dose oral cannabinoid therapy reduces progression of atherosclerosis in mice. [J]. Nature, 2005, 434(7034): 782-786.

[14] Grimaud A, Lafforgue G, Magné B. Climate change mitigation options and directed technical change: A decentralized equilibrium analysis[J]. Resource & Energy Economics, 2011, 33(4): 938-962.

[15] Samer, M. Towards the implementation of the Green Building concept in agricultural buildings: a literature review. [J]. Agricultural Engineering International Cigr Journal, 2013, 15(2): 25-46.

[16] A Yong A. D. and L. Kama. Sustainable growth, renewable resources and pollution[J]. Journal of Economic Dynamics & Control, 2001(25): 1911-1918.

[17] Valente S. , Sustainable development, renewable resources and technological

progress[J]. Environmental & Resource Economics, 2005(30): 115-125.

[18] Midtbø T. The impact of parties, economic growth, and public sector expansion: A comparison of long-term dynamics in the Scandinavian and Anglo-American democracies[J]. European Journal of Political Research, 2010, 35(2): 199-223.

[19] Grimaud A, Rouge L. Environment, directed technical change and economic policy[J]. Environmental & Resource Economics, 2008, 41(4): 439-463.

[20] Young A. The Rszor's edge: distortions and incremental reform in the people's republic of China[J]. Quarterly Journal of Economics, 2000, 115(4): 1091-1135.

[21] Justo de Jorge Moreno. Productivity growth, technical progress and efficiency change in Spanish retail trade (1995-2004): a disaggregated sectoral analysis[J]. International Review of Retail Distribution & Consumer Research, 2008, 18(1): 87-103.

[22] Bartekova E, Kemp R. National strategies for securing a stable supply of rare earths in different world regions[J]. Resources Policy, 2016(49): 153-164.

[23] Sanni M. Mapping dynamics of low-carbon energy innovation for small hydropower technology in Nigeria [J]. 2017(1): 1-10.

[24] Lai X, Liu J, Shi Q, et al. Driving forces for low carbon technology innovation in the building industry: A critical review[J]. Renewable & Sustainable Energy Reviews, 2017(74): 299-315.

[25] Meltzer J. A carbon tax as a driver of green technology innovation and the implications for international trade[J]. Energy Law Journal, 2014, 35(1): 45.

[26] Frank S, Les O. Reducing carbon emissions? The relative effectiveness of different types of environmental tax: the case of New Zealand[J]. Environmental Modelling & Software, 2005, 20(11): 1439-1448.

[27] Chiristoph B. Environmental taxation and induced structural change in an open economy: the role of market structure[J]. German Economic Review, 2008, 9(1): 17-40.

[28] Govinda R T, Stefan C. When does a carbon tax on fossil fuels stimulate biofuels?[J]. Ecological Economics, 2011, 70(12): 2400-2409.

[29] Polzin F. Mobilizing private finance for low-carbon innovation - A systematic review of barriers and solutions[J]. Renewable & Sustainable Energy Reviews, 2017, 77: 525-535.

[30] Mazzanti, Massimiliano & Zoboli, Roberto. Economic instruments and induced innovation: The European policies on end-of-life vehicles[J]. Ecological Economics, Elsevier, 2006, 58(2): 318-337.

[31] Suk W A, Hamid A, Ansong A K, et al. Environmental Pollution: An Under-recognized Threat to Children's Health, Especially in Low-and Middle-Income Countries[J]. Environ Health Perspect, 2016, 124(3): 41-45.

[32] Horbach J. Determinants of environmental innovation-New Evidence from german panel data sources [J]. Research Policy, 2008 (37): 163-173.

[33] Raymond W, Mairesse J, Mohnen P, et al. Dynamic models of R & D, innovation and productivity: Panel data evidence for Dutch and French manufacturing[J]. European Economic Review, 2015, 78(4): 285-306.

[34] Luigi D C, Andrea D L. A stackelberg game of innovation diffusion: pricing, advertising and subsidy strategies[J]. International Game Theory Review, 2001, 3(4): 325-339.

[35] Woerter M. Industry diversity and its impact on the innovation performance of firms[J]. Journal of Evolutionary Economics, 2009, 19(5): 675-700.

[36] Schrage M. The innovation subsidy[J]. Mit Sloan Management Review, 2004, 45(3): 23-24.

[37] Langpap C, Hascic I, Wu J J. Protecting watershed ecosystems through targeted local land use policies[J]. American Journal of Agricultural Economics, 2008, 90(3): 684-700.

[38] Andersen J L, Johnson C E, Freel C D, et al. Restraint of apoptosis during mitosis through interdomain phosphorylation of caspase[J]. Embo Journal, 2014, 28(20): 3216-3227.

[39] Lanoie P, Patry M, Lajeunesse R. Environmental regulation and productivity: testing the porter hypothesis[J]. Journal of Productivity Analysis, 2008, 30(2): 121-128.

[40] Popp D, Newell R G, Jaffe A B. Chapter 21 - Energy, the Environment, and Technological Change[J]. Social Science Electronic Publishing, 2009(2): 873-937.

[41] Walz J, Graefen M, Chun F K, et al. High incidence of prostate cancer detected by saturation biopsy after previous negative biopsy series[J]. European Urology, 2006, 50(3): 498-505.

[42] Hamamoto M. Environmental regulation and the productivity of Japanese manufacturing industries[J]. Resource and Energy Economics, 2006, 28(4): 299-312.

[43] Johnstone N, Hascis I, Popp D. Renewable energy policies and technological innovation: evidence based on patent counts[J]. Environmental and Resource Economics, 2010, 45(1): 133-155.

[44] González A B R, Díaz J J V, Wilby M R. Dedicated tax subsidy scheme for reducing emissions by promoting innovation in buildings: the eco-tax[J]. Energy Policy, 2012, 51(4): 417-424.

[45] Park S. Evaluating the efficiency and productivity change within government subsidy recipients of a national technology innovation research and development program[J]. R&D Management, 2014, 45(5): 549 - 568.

[46] Wallsten S. The effects of government-industry R&D program on private R&D: the case of the small business innovation research program[J]. RAND Journal of Economics, 2000, 31(1): 82-100.

[47] Puller S L. The strategic use of innovation to influence regulatory standards[J]. Journal of Environmental Economics and Management, 2006, 52(3): 690 -706.

[48] Aghion P, Festré A. Schumpeterian growth theory, Schumpeter, and growth policy design[J]. Journal of Evolutionary Economics, 2017, 27(1): 1-18.

[49] Peters M, Schneider M, Griesshaber T, et al. The impact of technology-push and demand-pull policies on technical change-Does the locus of policies matter?[J]. Research Policy, 2012, 41(8): 1296-1308.

[50] Dosi G, Moschella D, Pugliese E, et al. Productivity, market selection, and corporate growth: comparative evidence across US and Europe[J]. Small Business Economics, 2013 (3): 1-30.

[51] Mowery D C. Accelerating energy innovation: insights from multiple sectors: federal policy and the development of semiconductors, computer Hardware, and Computer Software: A Policy Model for Climate Change R&D?[J]. Ssrn Electronic Journal, 2010(243): 1-23.

[52] Quitzow R, Hughes L. Low-carbon technologies, national innovation systems, and global production networks: The state of play[M]. Handbook of the International Political Economy of Energy and Natural Resources. 2018(3): 72-81.

[53] Liao J, Kickul J R, Ma H. Organizational dynamic capability and innovation: An empirical examination of internet firms[J]. Journal of Small Business Management, 2009, 47(3): 263-286.

[54] Jervis E, Moxham C, Meehan J. The power of the institution: Overcoming barriers to the diffusion of low carbon innovation in the construction industry[C]. International Euroma Sustainable Operations and Supply Chains Forum. 2016(8): 213-225.

[55] Shrivastava P. Environmental technologies and competitive advantage[J]. Strategic Management Journal, 2010, 16(1): 183-200.

[56] Rogge K, Schleich J E. Do policy mix characteristics matter for low-carbon Innovation? A survey-based exploration for renewable power generation technologies in germany[J]. Spru Working Paper, 2017(16): 153-167.

[57] Majesty. Our energy future-creating a low carbon economy[J]. HMSO, 2003(1): 2-16.

[58] Richels R G, Blanford G J. The value of technological advance in

decarbonizing the U. S. economy[J]. Energy Economics, 2008, 30(6): 2930-2946.

[59] Ockwell D G, Watson J, Mackerron G, et al. Key policy considerations for facilitating low carbon technology transfer to developing countries[J]. Energy Policy, 2008, 36(11): 4104-4115.

[60] Grubb M, Butler L, Twomey P. Diversity and security in UK electricity generation: The influence of low-carbon objectives[J]. Energy Policy, 2006, 34(18): 4050-4062.

[61] Kesidou E, Demirel P. On the drivers of eco-innovations: Empirical evidence from the UK[J]. Research Policy, 2012, 41(5): 862-870.

[62] HuojunYang, HaorongLi, Yuill D. A self-validation method for regression models of unitary HVAC equipment based on manufacturers' data[J]. Hvac & R Research, 2013, 19(2): 175-192.

[63] Lee H S, Hong S A. Factors affecting hospital employees' knowledge sharing intention and behavior, and innovation behavior[J]. Osong Public Health & Research Perspectives, 2014, 5(3): 148-155.

[64] Singh M, Sarkar A. The relationship between psychological empowerment and innovative behavior: A dimensional analysis with job involvement as mediator[J]. Journal of Personnel Psychology, 2015, 11(3): 127-137.

[65] Rischin D, Hicks R J, Fisher R, et al. Prognostic significance of misonidazole positron emission tomography-detected tumor hypoxia in patients with advanced head and neck cancer randomly assigned to chemoradiation with or without tirapazamine: a substudy of Trans-Tasman Radiation Oncology[J]. Journal of Clinical Oncology Official Journal of the American Society of Clinical Oncology, 2006, 24(13): 2098-104.

[66] Rosenberg, Noah A, Li, et al. Informativeness of Genetic Markers for Inference of Ancestry [J]. American Journal of Human Genetics, 2004, 73(6): 1402-22.

[67] Weber D J, Friesen R, Miller L E. Interfacing the somatosensory system to

restore touch and proprioception: essential considerations[J]. Journal of Motor Behavior, 2012, 44(6): 403-18.

[68] Dessart F. NEW WORLD CONCEPTS FOR THE UNIVERSITY OF TOMORROW [J]. ActaUniversitatisDanubiusJuridica, 2005(1): 6.

[69] Furia C A, Nordio M, Polikarpova N, et al. AutoProof: auto-active functional verification of object-oriented programs[J]. International Journal on Software Tools for Technology Transfer, 2015, 19(6): 1-20.

[70] Hamta N, Ghomi S M T F, Jolai F, et al. A hybrid PSO algorithm for a multi-objective assembly line balancing problem with flexible operation times, sequence-dependent setup times and learning effect[J]. International Journal of Production Economics, 2013, 141(1): 99-111.

[71] Duysters G M, Heimeriks K H. Developing alliance capabilities in a new era /by G. M. Duysters and K. H. Heimeriks[J]. Advances in Applied Business Strategy, 2005, 8(8): 147-163.

[72] Mansikkasalo A, Soderholm P. Energy efficient and low-carbon technology in process industries: Innovation, diffusion and the role of public policy[J]. European Energy Market (EEM), 2012, (9):1-8.

[73] Hansen S O, Wakonen J. Innovation a Winning Solution[J]. International Journal of Technology Management, 1997, 13(4): 345-358.

[74] John P. Schumpeter, Schumacher and the Greening of Technology[J]. Technology Analysis & Strategic Management, 2001, 13(1): 23-37.

[75] Michelini R C, Razzoli R P. Product-service eco-design: Knowledge-based infrastructures[J]. Journal of Cleaner Production, 2004, 12(4): 415-428.

[76] Glass J, Dainty A R J, Gibb A G F. New build: Materials, techniques, skills and innovation[J]. Energy Policy, 2008, 36(12): 4534-4538.

[77] Goldberger J R. Non-governmental organizations, strategic bridge building, and the "scientization" of organic agriculture in Kenya[J]. Agriculture and Human Values, 2008, 25(2): 271-289.

[78] Lema A, Lema R. Low-carbon innovation and technology transfer in latecomer

countries: Insights from solar PV in the clean development mechanism[J]. Technological Forecasting & Social Change, 2016(104): 223-236.

[79] Raven R, Kern F, Verhees B, et al. Niche construction and empowerment through socio-political work. A meta-analysis of six low-carbon technology cases[J]. Environmental Innovation & Societal Transitions, 2016(18): 164-180.

[80] Jacobsson S. The emergence and troubled growth of a 'biopower' innovation system in Sweden[J]. Energy Policy, 2008, 36(4): 1491-1508.

[81] Heather L. Discourse and innovation journeys: the case of low energy housing in the UK[J]. Technology Analysis & Strategic Management, 2008, 20(5): 613-632.

[82] Khosla R, Sagar A, Mathur A. Deploying Low-carbon Technologies in Developing Countries: A view from India's buildings sector[J]. Environmental Policy & Governance, 2017, 27(2): 149-162.

[83] Cantono S, Silverberg G. A percolation model of eco-innovation diffusion: The relationship between diffusion, learning economies and subsidies[J]. Technological Forecasting & Social Change, 2009, 76(4): 487-496.

[84] 李沙浪,雷明. 基于 TOPSIS 的省级低碳经济发展评价及其空间面板计量分析 [J]. 中国管理科学,2014,22(1):741-748.

[85] 张兆国,靳小翠,李庚秦. 低碳经济与制度环境实证研究——来自我国高能耗行业上市公司的经验证据 [J]. 中国软科学,2013(3):109-119.

[86] 杨卫华,李小立,孟海燕. 冀中南地区城市低碳经济发展评价 [J]. 中国人口·资源与环境,2014, 24(3):24-27.

[87] 王崇锋,晁艺璇. 高新区发展不足还是结构失调？智力资本与经济结构的耦合视角 [J]. 中国人力资源开发,2017(1):124-133.

[88] 李响. 论低碳经济的法律规制 [J]. 学习与探索,2010(2):110-112.

[89] 谭娟,陈晓春. 基于产业结构视角的政府环境规制对低碳经济影响分析 [J]. 经济学家,2011(3):93-99.

[90] 黄德春,刘志彪. 环境规制与企业自主创新——基于波特假设的企业竞

争优势构建 [J]. 中国工业经济,2006(3):100-106.

[91] 赵红. 环境规制对产业技术创新的影响——基于中国面板数据的实证分析 [J]. 产业经济研究,2008(3):53-63.

[92] 周文泳,何云飞,李娜,等. 价值主体需求对科研活动价值取向的影响机理 [J]. 科学学研究,2012,30(7):1056-1062.

[93] 杨洁,温辉,刘运材. 低碳经济模式下企业融资机制研究 [J]. 生产力研究,2011(6):56-58.

[94] 任力. 低碳经济与中国经济可持续发展 [J]. 社会科学家,2009(2):47-50.

[95] 冯之浚,周荣,张倩. 低碳经济的若干思考 [J]. 中国软科学,2009(12):18-23.

[96] 黄栋. 低碳技术创新与政策支持 [J]. 中国科技论坛,2010(2):37-40.

[97] 许士春. 环境管制与企业竞争力——基于"波特假说"的质疑 [J]. 国际贸易问题,2007,293(5):78-83.

[98] 许冬兰,董博. 环境规制对技术效率和生产力损失的影响分析 [J]. 中国人口·资源与环境,2009,19(6):91-96.

[99] 江珂,卢现祥. 环境规制与技术创新——基于中国 1997—2007 年省际面板数据分析 [J]. 科研管理,2011,32(7):60-66.

[100] 于同申,张成. 环境规制与经济增长的关系——基于中国工业部门面板数据的协整检验 [J]. 学习与探索,2010(2):131-134.

[101] 徐盈之,周秀丽. 碳税政策下的我国低碳技术创新——基于动态面板数据的实证研究 [J]. 财经科学,2014(9):131-140.

[102] 岳书敬,王旭兰,许耀. 中国工业行业低碳创新及其影响因素解析 [J]. 财经科学,2014(9):78-87.

[103] 徐建中,曲小瑜. 低碳情境下装备制造企业技术创新行为的影响因素分析 [J]. 科研管理,2015(3):29-37.

[104] 时丹丹. 中国企业低碳技术创新影响因素实证研究 [J]. 统计与决策,2015(24):144-147.

[105] 欧训民,张希良,王若水. 低碳环境友好技术国际转移博弈论研究 [J].

中国人口·资源与环境,2009,19(3):9-11.

[106] 张发树,何建坤,刘滨. 低碳技术国际转移的双重博弈研究[J]. 中国人口·资源与环境,2010,20(4):12-16.

[107] 王靖宇,史安娜. 低碳技术扩散中地方政府与中央政府行为的博弈分析[J]. 科技进步与对策,2011,28(12):12-15.

[108] 殷砚,廖翠萍,赵黛青. 对中国新型低碳技术扩散的实证研究与分析[J]. 科技进步与对策,2010,27(23):20-24.

[109] 徐莹莹,綦良群. 基于复杂网络演化博弈的企业集群低碳技术创新扩散研究[J]. 中国人口资源与环境,2016,26(8):16-24.

[110] 陆小成,刘立. 区域低碳创新系统的结构-功能模型研究[J]. 科学学研究,2009,27(7):1080-1085.

[111] 刘立,陆小成,李兴川,等. 科学发展观视野下的低碳技术创新及其社会建构[J]. 中国科技论坛,2009(7):48-52.

[112] 方放,王道平,张志东. 跨越低碳技术"死亡之谷"公共部门与私有部门投资者协同创新研究——基于信息不对称视角[J]. 中国软科学,2016(1):138-145.

[113] 王晰巍,郭宇,魏骏巍,等. 国内外新媒体在信息与知识管理领域的应用与比较分析[J]. 图书情报工作,2015,59(7):6-13.

[114] 周晓东,项保华. 企业知识内部转移:模式、影响因素与机制分析[J]. 南开管理评论,2003,6(5):7-10.

[115] 万君康,王开明. 论技术创新的动力机制与期望理论[J]. 科研管理,1997(2):31-35.

[116] 许小东. 技术创新内驱动力机制模式研究[J]. 数量经济技术经济研究,2002,19(3):76-78.

[117] 赵建彬,景奉杰. 在线品牌社群氛围对顾客创新行为的影响研究[J]. 管理科学,2016,29(4):59-71.

[118] 周艳菊,邹飞,王宗润. 盈利能力、技术创新能力与资本结构——基于高新技术企业的实证分析[J]. 科研管理,2014,35(1):48-57.

[119] 曾萍,宋铁波. 基于内外因素整合视角的商业模式创新驱动力研究[J].

管理学报，2014，11（7）：989-996.

[120] 左小德，张进财，陈振炜．中国企业管理创新的驱动力——兼与西方企业的比较［J］．管理世界，2015（1）：182-183.

[121] 薛捷．顾客感知视角下设计驱动力对创新的影响研究［J］．科学学研究，2016，34（7）：1111-1120.

[122] 杨建君，张峰，孙丰文．企业内部信任与技术创新模式选择的关系［J］．科学学与科学技术管理，2014（10）：94-104.

[123] 张瑞，黄伶俊，丁日佳．煤炭企业生态技术创新动力运行模式及评价研究［J］．科技管理研究，2016（8）：54-57.

[124] 张笑楠．基于创新模式的企业技术创新动力测度研究［J］．技术经济与管理研究，2016（4）：36-39.

[125] 杨朝辉．创新传统、外部环境与发展时机——通用电气公司工业研究实验室创立的内部动力和外部条件研究［J］．科学学与科学技术管理，2014（9）：130-140.

[126] 张震宇．基于行为和心理视角的企业创新动力量化研究［J］．科技管理研究，2015（17）：47-52.

[127] 欧绍华，胡玉松．基于系统动力模型的企业技术创新动力要素研究［J］．经济经纬，2015（4）：109-113.

[128] 姚明月，胡麦秀．技术—环境壁垒条件下企业的技术创新动力——基于进化博弈分析［J］．科技管理研究，2015，35（19）：98-102.

[129] 赵红丹．临时团队内粘滞知识转移的动力因素——基于扎根理论的探索性研究［J］．科学学研究，2014，32（11）：1705-1712.

[130] 程云喜．企业自主创新动力机制的再思考：一个博弈分析视角［J］．中国经济与管理科学，2008（7）：24-25.

[131] 党印，鲁桐．公司治理与技术创新：两个基本模型［J］．财经科学，2014（7）：72-81.

[132] 娄昌龙，冉茂盛．高管激励对波特假说在企业层面的有效性影响研究——基于国有企业与民营企业技术创新的比较［J］．科技进步与对策，2015（19）：66-71.

[133] 赵爱武,杜建国,关洪军,等.环境税情景下企业环境技术创新模拟[J].管理科学,2016,29(1):40-52.

[134] 颜建军,杨晓辉,游达明.企业低碳技术创新政策工具及其比较研究[J].科研管理,2016(9):05-112.

[135] 李敏娜,王铁男.董事网络、高管薪酬激励与公司成长性[J].中国软科学,2014(4):138-148.

[136] 郑月龙,张卫国.中小企业团体贷款中违约行为的演化博弈分析[J].系统工程,2016(5):8-14.

[137] 吕振永,党兴华.企业技术创新的激励机制[J].经济管理,2002(11):45-48.

[138] 王旭.技术创新导向下高管激励契约最优整合策略研究——企业生命周期视角[J].科学学与科学技术管理,2016(9):143-154.

[139] 黄群慧,常耀中.企业技术创新的剩余索取权激励研究:以电子信息产业为例[J].经济与管理,2014(5):61-67.

[140] 王春法.关于技术创新及其动力机制的几点看法[J].世界经济,1996(11):17-22.

[141] 吴清.环境规制与企业技术创新研究——基于我国30个省份数据的实证研究[J].科技进步与对策,2011,28(18):100-103.

[142] 柴丽俊,柴丽英,高俊山.企业技术创新动力及模型研究[J].经济问题探索,2005(1):62-64.

[143] 李树培.我国企业技术自主创新动力不足:原因与对策的博弈分析[J].南开经济研究,2009(3):116-127.

[144] 肖广岭,柳卸林.我国技术创新的环境问题及其对策[J].中国软科学,2001(1):18-24.

[145] 许庆瑞,吴志岩,陈力田.转型经济中企业自主创新能力演化路径及驱动因素分析——海尔集团1984～2013年的纵向案例研究[J].管理世界,2013(4):121-134.

[146] 许庆瑞,王伟强,吕燕.中国企业环境技术创新研究[J].中国软科学,1995(5):16-20.

[147] Nakada M. Deregulation in an energy market and its impact on R&D for low-carbon energy technology[J]. Resource and Energy Economics, 2005(27): 306-320.

[148] Mcjeon H C, Clarke L, Kyle P, et al. Technology interactions among low-carbon energy technologies: What can we learn from a large number of scenarios? [J]. Energy Economics, 2011, 33(4): 619-631.

[149] 刘贞,蒲刚清,施於人,等. 钢铁行业碳减排情景仿真分析及评价研究 [J]. 中国人口•资源与环境,2012,22(3):77-81.

[150] 朱东波,任力,刘玉. 中国金融包容性发展、经济增长与碳排放[J]. 中国人口•资源与环境,2018(2):66-76.

[151] 石敏俊,周晟吕. 低碳技术发展对中国实现减排目标的作用[J]. 管理评论,2010(6):48-53.

[152] 杨进,姚亚平. 低碳经济范式下企业行为模式的博弈分析[J]. 人力资源管理,2011(9):25-25.

[153] 李武军,黄炳南. 中国低碳经济政策链范式研究[J]. 中国人口•资源与环境,2010,20(10):19-22.

[154] 洪燕真,刘燕娜,余建辉. 基于链环回路模型的低碳技术创新发展策略 [J]. 中国人口•资源与环境,2011,21(3):59-63.

[155] Chiarolla C. Plant Patenting, Benefit Sharing and the Law Applicable to the Food and Agriculture Organisation Standard Material Transfer Agreement[J]. Journal of World Intellectual Property, 2010, 11(1): 1-28.

[156] 李宏伟,杨梅锦. 低碳经济中的"碳锁定"问题与"碳解锁"治理体系 [J]. 科技进步与对策,2013(15):41-46.

[157] 黄群慧,贺俊. "第三次工业革命"与中国经济发展战略调整——技术经济范式转变的视角[J]. 中国工业经济,2013(1):5-18.

[158] Berkhout F. Technological regimes, path dependency and the environment[J]. Global Environmental Change, 2002, 12(1): 1-4.

[159] 韩国丽. 企业信用管理的动力机制分析[J]. 学术论坛,2005(10):89-93.

[160] 廖成林. 虚拟营销中信任关系的影响因素与机制[J]. 管理世界, 2004(6):149-150.

[161] 叶伟巍, 梅亮, 李文, 等. 协同创新的动态机制与激励政策——基于复杂系统理论视角[J]. 管理世界, 2014(6):79-91.

[162] 黄锡光. 寻觅缺失的冲击效应 重建失灵的均衡机制——试解人民币升值与外贸顺差同步增长之迷[J]. 世界经济研究, 2006(11):60-64.

[163] 饶扬德. 市场、技术及管理三维创新协同机制研究[J]. 科学管理研究, 2008, 26(4):46-49.

[164] 郝云宏, 汪茜. 混合所有制企业股权制衡机制研究——基于"鄂武商控制权之争"的案例解析[J]. 中国工业经济, 2015(3):148-160.

[165] 任丰原, 董思颖, 何滔, 等. 基于锁相环的时间同步机制与算法[J]. 软件学报, 2007, 18(2):372-380.

[166] 王凤彬, 郑腾豪, 刘刚. 企业组织变革的动态演化过程——基于海尔和IBM纵向案例的生克化制机理的探讨[J]. 中国工业经济, 2018(6).

[167] 张延禄, 杨乃定, 刘效广. 企业技术创新系统的自组织演化机制研究[J]. 科学学与科学技术管理, 2013, 34(6):58-65.

[168] 洪银兴. 自主创新投入的动力和协调机制研究[J]. 中国工业经济, 2010(8):15-22.

[169] 曾楚宏, 林丹明, 朱仁宏. 企业边界的协同演化机制研究[J]. 中国工业经济, 2008(7):26-35.

[170] 文秋香. 基于供应链的装备制造企业协同创新动力机制研究[J]. 兰州理工大学, 2016.

[171] 张婧, 段艳玲. 市场导向组织变革的动力机制研究[J]. 科研管理, 2013, 34(10):109-117.

[172] 刘少生, 欧阳绪清. 企业技术创新的系统学思考[J]. 系统科学学报, 2001, 9(2):60-63.

[173] 侯二秀, 石晶. 企业协同创新的动力机制研究综述[J]. 中国管理科学, 2015, 23(S1):711-717.

[174] 王胜光, 程郁. 企业的成长动力机制及"加速器"的作用机理[J]. 科学

学与科学技术管理,2009,30(5):130-135.

[175] 张礼建,赵向异. 试论转型期社会中企业创新的动力机制建设 [J]. 科学学与科学技术管理,2006,30(8):60-63.

[176] 李柏洲,董媛媛. 基于协同论的企业原始创新动力系统构建 [J]. 科学学与科学技术管理,2009,30(1):56-60.

[177] 董洁,朱茜. 基于技术创新动力机制的企业发展对策研究 [J]. 科学管理研究,2009,29(4):9-10.

[178] 徐维祥. 企业技术创新动力系统研究 [J]. 数量经济技术经济研究,2002,19(1):70-73.

[179] 杨波,卢嘉琦. 面向企业技术创新风险的竞争情报预警动力学建模与仿真 [J]. 情报科学,2017(4):61-67.

[180] 陈劲,赵闯,贾筱,等. 重构企业技术创新能力评价体系:从知识管理到价值创造 [J]. 技术经济,2017(9):1-8.

[181] 孟凡生,韩冰. 绿色低碳视角下技术创新影响因素研究-基于GT-PP-PLS法的实证 [J]. 科技进步与对策,2017,34(4):7-13.

[182] 刘满凤,谢晗进. 碳排放约束下地区经济集聚的效率与趋同研究 [J]. 统计与决策,2016(24):122-126.

[183] 王建明,贺爱忠. 消费者低碳消费行为的心理归因和政策干预路径:一个基于扎根理论的探索性研究 [J]. 南开管理评论,2011,14(4):80-89.

[184] 孙晓娥. 扎根理论在深度访谈研究中的实例探析 [J]. 西安交通大学学报(社会科学版),2011,31(6):87-92.

[185] 王建明,王俊豪. 公众低碳消费模式的影响因素模型与政府管制政策——基于扎根理论的一个探索性研究 [J]. 管理世界,2011(4):58-68.

[186] Fassinger N, Imam A, Klurfeld D M. Serum retinol, retinol-binding protein, and transthyretin in children receiving dialysis [J]. Journal of Renal Nutrition the Official Journal of the Council on Renal Nutrition of the National Kidney Foundation, 2010, 20(1): 17-22.

[187] 王璐,高鹏. 扎根理论及其在管理学研究中的应用问题探讨 [J]. 外国经济与管理,2010,32(12):10-18.

[188] 贾旭东,谭新辉. 经典扎根理论及其精神对中国管理研究的现实价值 [J]. 管理学报,2010,7(5):656.

[189] 杜晓君,刘赫. 基于扎根理论的中国企业海外并购关键风险的识别研究 [J]. 管理评论,2012,24(4):18-27.

[190] 邹德文. 低碳技术 [M]. 北京:人民出版社,2014.

[191] 毕克新,黄平,杨朝均. 低碳技术创新系统:概念辨析与研究展望 [J]. 技术经济,2017,36(11):16-23.

[192] 贾亚男. 高主动性个体安全生产行为引导机制研究 [D]. 哈尔滨:哈尔滨工程大学,2016.

[193] 李春好,李巍,李孟姣,等. 目标导向多参考点属性价值模型及评价方法 [J]. 中国管理科学,2017,25(7):163-175.

[194] 朱秀梅,方琦,鲍明旭. 基于领导-成员交换调节作用的目标导向对员工创业学习的影响研究 [J]. 管理学报,2016,13(12):1792-1800.

[195] 马君,张昊民,杨涛. 绩效评价、成就目标导向对团队成员工作创新行为的跨层次影响 [J]. 管理工程学报,2015,29(3):62-71.

[196] Alston L J, Alston L J. The economic institutions of capitalism: Firms markets, relational contracting: Oliver E. Williamson[J]. Journal of Economic Behavior & Organization, 2006, 8(2): 316-318.

[197] 王崇,王延青. 基于交易成本的风险规避型消费者购物渠道决策行为研究 [J]. 管理评论,2016,28(9):172-181.

[198] 许晓明,徐震. 基于资源基础观的企业成长理论探讨 [J]. 研究与发展管理,2005,17(2):91-98.

[199] Editors T. Edith Penrose and the Resource-based View of Strategic Management[J]. Journal of Management Studies, 2010, 41(1): 181-182.

[200] Foss K, Foss N J. Organizing economic experiments: property rights and firm organization[J]. Review of Austrian Economics, 2002, 15(4): 297-312.

[201] 蔡继荣,郭春梅. 战略联盟的稳定性边界研究 [J]. 管理工程学报,2007,21(2):103-105.

[202] 齐红倩,李民强,王智鹏. 相对质量的现实构造——基于需求因素的经

济学分析 [J]. 经济管理,2010(6):172-177.

[203] 邓宏图,崔宝敏. 制度变迁中的中国农地产权的性质:一个历史分析视角 [J]. 南开经济研究,2007(6):118-141.

[204] 宋丽颖,李亚冬. 碳排放权交易的经济学分析 [J]. 学术交流,2016(5):113-117.

[205] 孙绪峰,于家傲. 市场营销起源的交易成本经济学解释 [J]. 价值工程,2006,25(2):88-90.

[206] 贾兴平,刘益. 外部环境、内部资源与企业社会责任 [J]. 南开管理评论,2014,17(6):13-18.

[207] Hamel E. Perivascular nerves and the regulation of cerebrovascular tone. [J]. Journal of Applied Physiology, 2006, 100(3): 1059-1064.

[208] 祝振铎,李新春. 新创企业成长战略:资源拼凑的研究综述与展望 [J]. 外国经济与管理,2016,38(11):71-82.

[209] 张燕,陆开文,李瑞光. 政府在产业技术创新战略联盟构建与治理中的推动作用 [J]. 价值工程,2014(12):154-156.

[210] Gulati R. Alliances and networks[J]. Strategic Management Journal, 2015, 19(4): 293-317.

[211] 陈建勋,杨正沛,傅升. 低成本与差异化竞争优势的融合——二元领导行为的启示与证据 [J]. 研究与发展管理,2009,21(5):57-64.

[212] 熊立,谢奉军,潘求丰,等. 柔性机制与二元创新驱动力构建 [J]. 科学学研究,2017,35(6):940-948.

[213] 陈永霞,贾良定,李超平,等. 变革型领导、心理授权与员工的组织承诺:中国情景下的实证研究 [J]. 管理世界,2006(1):96-105.

[214] 杜海东,严中华. 环境动态性对战略导向与产品创新绩效关系的调节作用——基于珠三角数据的实证研究 [J]. 研究与发展管理,2013,25(6):27-33.

[215] 陈乐妮,王桢,骆南峰,等. 领导-下属外向性人格匹配性与下属工作投入的关系:基于支配补偿理论 [J]. 心理学报,2016,48(6):710-721.

[216] Dussauge P, Garrette B, Mitchell W. Learning from competing partners:

outcomes and durations of scale and link alliances in Europe, North America and Asia[J]. Strategic Management Journal, 2000, 21(2): 99-126.

[217] Inkpen A C. Learning through joint ventures: A framework of knowledge acquisition[J]. Journal of Management Studies, 2010, 37(7): 1019-1044.

[218] 李薇,龙勇. 竞争性战略联盟的合作效应研究[J]. 科研管理,2010, 31(1):160-169.

[219] 任声策,宣国良. 基于学习和能力互补动态的研发联盟稳定性研究[J]. 中国管理科学,2005(5):111-115.

[220] 江旭,高山行,李垣. 战略联盟的范围、治理与稳定性间关系的实证研究[J]. 管理工程学报,2009,23(2):1-6.

[221] 杨光. 高层人员的商业友谊与战略联盟的稳定性研究[J]. 科学学与科学技术管理,2009,30(2):197-199.

[222] 郑士源,王浣尘. 基于动态合作博弈理论的航空联盟稳定性[J]. 系统工程理论与实践,2009,29(4):184-192.

[223] 温忠麟,侯杰泰,张雷. 调节效应与中介效应的比较和应用[J]. 心理学报,2005,37(2):268-274.

[224] 温忠麟,侯杰泰,Herbert W. Marsh. 结构方程模型中调节效应的标准化估计[J]. 心理学报,2008,40(6):729-736.

[225] 温忠麟,张雷,侯杰泰. 有中介的调节变量和有调节的中介变量[J]. 心理学报,2006,38(3):448-452.

[226] Oliver E, Williamson. The New Institutional Economics: Taking Stock, Looking Ahead[J]. Global Jurist, 2015, 38(3): 597-175.

[227] 龙勇,吴海春,杨超. 竞争性战略联盟中企业联盟能力影响因素的实证研究[J]. 华东经济管理,2010,24(10):152-155.

[228] Das T K, Teng B S. Instabilities of strategic alliances: an internal tensions perspective[J]. Organization Science, 2000, 11(1): 77-101.

[229] 李向波,李叔涛. 基于创新过程的企业技术创新能力评价研究[J]. 中国软科学,2007(2):139-142.

[230] 范德成,王韶华,张伟,等. 低碳经济范式下能源结构优化程度评价研究

[J]. 运筹与管理,2013(6):168-176.

[231] 聂鹰. 竞争性战略联盟效率边界的内生因素研究 [D]. 重庆:重庆大学,
2010.

[232] 徐长江,时勘. 变革型领导与交易型领导的权变分析 [J]. 心理科学进
展,2005,13(5):672-678.

[233] 陈建勋,凌媛媛,刘松博. 领导者中庸思维与组织绩效:作用机制与情境
条件研究 [J]. 南开管理评论,2010,13(2):132-141.

[234] Oxley J E, Sampson R C. The Scope and Governance of International R&D
Alliances[J]. Strategic Management Journal, 2004, 25(8): 723-749.

[235] Shen C, Everitt K, Ryall K. UbiTable: Impromptu Face-to-Face Collaboration
on Horizontal Interactive Surfaces[J]. UbiComp 2003, 2003(2864): 281-
288.

[236] 周瑜胜,宋光辉. 公司控制权配置、行业竞争与研发投资强度 [J]. 科研
管理,2016,37(12):122-131.

[237] 韩岚岚,马元驹. 内部控制对费用粘性影响机理研究——基于管理者自
利行为的中介效应 [J]. 经济与管理研究,2017,38(1):131-144.

[238] 张俊瑞,王良辉,汪方军. 管理层任职网络会影响高管薪酬吗？——一
项基于社会资本的实证研究 [J]. 管理评论,2018,30(6):136-148.

[239] 汪明武,金菊良,李丽. 基于实码加速遗传算法的投影寻踪方法在砂土
液化势评价中的应用 [J]. 岩石力学与工程学报,2004,23(4):631-631.

[240] 金菊良,丁晶,魏一鸣,等. 解不确定型决策问题的投影寻踪方法 [J].
系统工程理论与实践,2003,23(4):42-46.

[241] 张欣莉,王顺久,丁晶. 投影寻踪方法在工程环境影响评价中的应用
[J]. 系统工程理论与实践,2002,22(6):131-134.

[242] Porter M E, Linde C V D. Toward a new conception of the environment
competitiveness relationship [J]. The Journal of Economic Perspectives,
1995, 9(4): 97-118.

[243] 王志国,李磊,杨善林,等. 动态博弈下引导企业低碳技术创新的政府低
碳规制研究 [J]. 中国管理科学,2016,24(12):139-147.

[244] 孟凡生,韩冰. 政府环境规制对企业低碳技术创新行为的影响机制研究 [J]. 预测,2017,36(1):74-80.

[245] 孟凡生,韩冰. 基于演化博弈理论的装备制造企业低碳技术创新动力机制研究 [J]. 预测,2018,37(3):69-74.

[246] 韩冰,孟凡生. 我国装备制造企业低碳技术创新外部驱动机制分析 [J]. 工业工程与管理,2018,23(3):42-49.

[247] 孙早,宋炜. 企业 R&D 投入对产业创新绩效的影响——来自中国制造业的经验证据 [J]. 数量经济技术经济研究,2012(41):49-63.

[248] Palm F C, Raymond W, Mohnen P, et al. An empirically-based taxonomy of Dutch manufacturing: innovation policy implications[J]. MERIT-Infonomics Research Memorandum Series, 2004(11): 1-36.

[249] Woerter M. Industry diversity and its impact on the innovation performance of firms[J]. Journal of Evolutionary Economics, 2009, 19(5): 675-700.

[250] Pontarp M, Ripa J, Lundberg P. The Biogeography of adaptive radiations and the geographic overlap of sister species[J]. American Naturalist, 2015, 186(5): 565-581.

[251] Selten R. A note on evolutionary stable strategies in asym-metric animal conflicts [J]. Journal of theoretical biology, 1980, 84(1): 93-101.

[252] 许肖瑜,周德群. 基于进化博弈的新兴产业进入问题研究 [J]. 技术与创新管理,2008,29(6):600-603.

[253] Stanislav Karapetrovic, Jan Jonker. Integration of standardized management systems: Searching for a recipe and ingredients[J]. Total Quality Management & Business Excellence, 2003, 14(4): 451-459.

[254] 田宇,马钦海. 电信业技术变迁的演化博弈分析 [J]. 技术经济,2010,29(2):34-38.

[255] Chen B, Jiang M, Zhou S, et al. Greenhouse gas inventory of a typical high-end industrial park in China[J]. The Scientific World Journal, 2013(3):54-71.

[256] 吴彤. 自组织方法论论纲 [J]. 系统科学学报,2001,9(2):4-10.

[257] 刘春艳,王伟.基于耗散结构理论的产学研协同创新团队知识转移模型与机理研究[J].情报科学,2016,36(3):42-47.

[258] 闵家胤.系统和系统科学[J].系统科学学报,2011(4):4-7.

[259] 李嘉明,甘慧.基于协同学理论的产学研联盟演化机制研究[J].科研管理,2009(1):166-172.

[260] 郭庆军,周云飞,闫莉.制造业与物流业种群生态系统协同演化实证研究[J].工业技术经济,2014(7):9-18.

[261] 任腾,周忠宝.复合系统的动态协同演化分析——以保险、信货与股票金融复合系统为例[J].中国管理科学,2017,25(8):79-88.

[262] 黄凯南.主观博弈论与制度内生演化[J].经济研究,2010(4):134-146.

[263] 黄凯南.供给侧和需求侧的共同演化:基于演化增长的视角[J].南方经济,2015(12):1-9.

[264] 郭斯羽,孔亚广,鲍美华.一个存在物种竞争与进化的人工生态系统[J].系统仿真学报,2009,21(18):5744-5748.

[265] 才国伟,刘继楠.文化:经济增长的源泉[J].中山大学学报(社会科学版),2016,56(5):201-212.

[266] 王章豹,韩依洲,洪天求.产学研协同创新组织模式及其优劣势分析[J].科技进步与对策,2015(2):24-29.

[267] 李恒毅,宋娟.新技术创新生态系统资源整合及其演化关系的案例研究[J].中国软科学,2014(6):129-141.

[268] 余凌,杨悦儿.产业技术创新生态系统研究[J].科学管理研究,2012,30(5):48-51.

[269] 吕玉辉.技术创新生态系统的要素模型与演化[J].技术经济与管理研究,2011(9):25-28.

[270] 吕玉辉.企业技术创新生态系统的交错带研究[J].技术经济与管理研究,2016(3):80-83.

[271] 宫再静.高端装备制造企业低碳技术创新体系构建及能力评价研究[D].哈尔滨:哈尔滨工程大学,2013.

攻读博士学位期间发表的
论文和取得的科研成果

一、发表的论文

[1] 孟凡生,韩冰. 政府环境规制对企业低碳技术创新行为的影响机制研究 [J]. 预测,2017,36(1):74-80.

（国家自然基金委员会管理科学部认定的"管理科学 A 类重要期刊"，CSSCI）

[2] 孟凡生,韩冰. 基于演化博弈理论的装备制造企业低碳技术创新动力机制研究 [J]. 预测,2018,37(3):69-74.

（国家自然基金委员会管理科学部认定的"管理科学 A 类重要期刊"，CSSCI）

[3] 韩冰,孟凡生. 我国装备制造企业低碳技术创新外部驱动机制分析 [J]. 工业工程与管理,2018,23(3):42-49.

（国家自然基金委员会管理科学部认定的"管理科学 B 类重要期刊"，CSSCI）

[4] 孟凡生,韩冰. 绿色低碳视角下技术创新影响因素研究——基于 GT-PP-PLS 法的实证 [J]. 科技进步与对策,2017,34(4):7-13.

（国家自然基金委员会管理科学部认定的"管理科学 B 类重要期刊"，CSSCI）

[5] 孟凡生,韩冰.新形势下我国国防科技工业自主可控发展研究[J].科学管理研究,2016,34(2):1-4.

（国家自然基金委员会管理科学部认定的"管理科学 B 类重要期刊"，CSSCI）

[6] 孟凡生,韩冰,李滨.内蒙古自治区煤炭资源供给影响因素及其前景研究[J].黑龙江民族丛刊,2015(5):75-77.

（国家自然基金委员会管理科学部认定的"管理科学 B 类重要期刊"，CSSCI 扩展版）

[7] 孟凡生,韩冰.国防科技工业自主可控及主要其影响因素分析[J].国防科技工业,2016(3):28-30.

二、参与的课题

（1）国家社会科学基金资助项目中国新能源装备制造向智能制造发展的影响因素、情景及路线图研究（项目编号：16BJY078）中的骨干成员。

（2）黑龙江省软科学基金资助项目中国新能源装备智造自主可控情景及 2015 龙江智造发展路线图研究（项目编号：GC16D102）中的骨干成员。

（3）国家自然科学研究计划资助项目低碳经济下中国煤炭资源供给情景预测与评价研究（项目编号：2014GXS4D099）中的骨干成员。